KB051640

만만하게 시작하는

독학 일본어 중급

지은이 **박대화**는 고려대학교 일어일문학과를 졸업하고
일어교재 출판사에서 풍부한 경험을 쌓은 후,
지금은 일어교재 전문기획 프리랜서이면서 랭컴출판사 Enjc 스터디
(박준영, 김효상, 이소영, Michael Kim, Bruce Perkins)의 연구원으로서
일본어 학습서 기획 및 저술 활동에 힘쓰고 있다.

만만하게 시작하는

독학 일본어 중급

2021년 08월 15일 개정판 1쇄 발행
2022년 12월 10일 개정판 5쇄 발행

지은이 박대화
발행인 손건
편집기획 김상배, 장수경
마케팅 이언영, 유재영
디자인 이성세
제작 최승용
인쇄 선경프린테크

발행처 ***LanCom*** 랭컴
주소 서울시 영등포구 영신로34길 19
등록번호 제 312-2006-00060호
전화 02) 2636-0895
팩스 02) 2636-0896
홈페이지 www.lancom.co.kr

ⓒ 랭컴 2021
ISBN 979-11-89204-90-7 13730

이 책의 저작권은 저자에게 있습니다. 저자와 출판사의 허락없이
내용의 일부를 인용하거나 발췌하는 것을 금합니다.

만만하게 시작하는 독학 일본어 중급

박대화 지음 | 中村京子 원어감수

LanCom
Language & Communication

이 책의 구성

이 책은 만만하게 시작하는 독학 일본어 초급을 마친 학습자가 자연스럽게 중급과정으로 이어질 수 있도록 총 14개의 Part로 구성하였으며 기본적은 문장을 통해 일본어 어법과 패턴을 중급 수준에 충분히 이를 수 있도록 다음과 같이 구성하였습니다.

Part 01 ______ 상태 변화의 표현과 수급표현을 익힙니다.

Part 02 ____ 원인이나 이유를 나타내는 접속조사 용법을 익힙니다.

Part 03 ____ 상태나 동작을 열거하는 형식을 익힙니다.

Part 04 ____ 완료의 용법과 접두어, 접미어의 용법도 익힙니다.

Part 05 ____ 동사의 가능표현과 동사의 가능형 활용을 중심으로 그 용법을 익힙니다.

Part 06 ____ 조건을 나타내는 たら가 각 활용어에 접속하는 형태와 그 용법을 익힙니다.

Part 07 ____ 가정을 나타내는 ば가 각 활용어에 접속하는 형태와 그 용법을 익힙니다.

Part 08 ____ なら와 と의 용법과 의무나 당연, 필연을 나타내는 패턴을 익힙니다.

Part 09 ____ 권유나 의지를 나타내는 う(よう)의 활용과 용법을 익힙니다.

Part 10 ____ 명령형의 활용과 용법은 물론, 금지를 나타내는 な의 용법도 익힙니다.

Part 11 ____ 전문, 양태, 추정, 불확실한 단정과 비유, 예시의 용법을 익힙니다.

Part 12 ____ (さ)せる가 접속하는 사역형의 활용과 그 용법을 익힙니다.

Part 13 ____ (ら)れる가 접속하는 수동형의 활용과 그 용법을 익힙니다.

Part 14 ____ 존경어, 겸양어, 정중어를 통한 일본어의 경어를 익힙니다.

부 록 1 ____ 일본어 문법 전반을 품사별로 한눈에 파악할 수 있게 됩니다.

부 록 2 ____ 중급자가 반드시 익혀야 할 일상단어를 주제별로 익히게 됩니다.

본문내용 구성

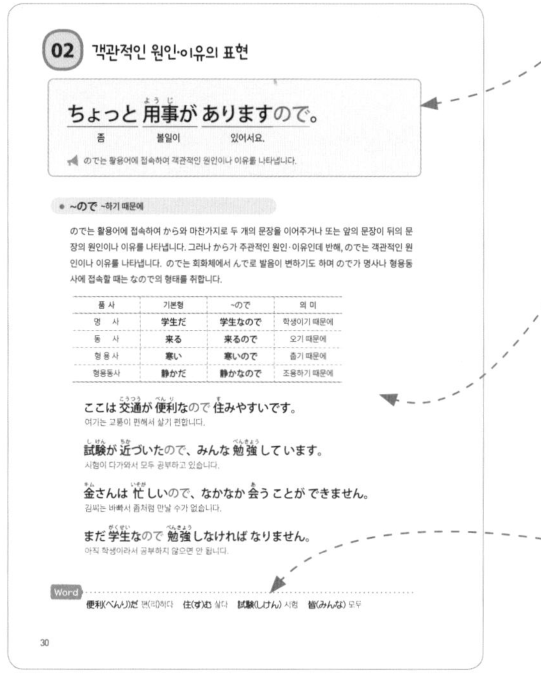

02 객관적인 원인·이유의 표현

ちょっと 用事が ありますので。

좀 볼일이 있어서요.

ので는 활용어에 접속하여 객관적인 원인이나 이유를 나타냅니다.

● ~ので ~하기 때문에

ので는 활용어에 접속하여 から와 마찬가지로 두 개의 문장을 이어주거나 또는 앞의 문장이 뒤의 문장의 원인이나 이유를 나타냅니다. 그러나 から가 주관적인 원인·이유인데 반해, ので는 객관적인 원인이나 이유를 나타냅니다. ので는 회화체에서 んで로 발음이 변하기도 하며 ので가 명사나 형용동사에 접속할 때는 なので의 형태를 취합니다.

품 사	기본형	~ので	의 미
명 사	学生だ	学生なので	학생이기 때문에
동 사	来る	来るので	오기 때문에
형 용 사	寒い	寒いので	춥기 때문에
형용동사	静かだ	静かなので	조용하기 때문에

ここは 交通が 便利なので 住みやすいです。
여기는 교통이 편해서 살기 편합니다.

試験が 近づいたので、みんな 勉強して います。
시험이 다가와서 모두 공부하고 있습니다.

金さんは 忙しいので、なかなか 会う ことが できません。
김씨는 바빠서 좀처럼 만날 수가 없습니다.

まだ 学生なので 勉強しなければ なりません。
아직 학생이라서 공부하지 않으면 안 됩니다.

Word
便利(べんり)だ 편(리)하다 住(す)む 살다 試験(しけん) 시험 皆(みんな) 모두

30

단박에 파악되는 학습목표

- 각 Unit에서 익히게 될 핵심이 되는 제목입니다.
- 핵심 어법을 간단한 일본어 문장을 통해 한눈에 파악할 수 있습니다.
- 각 Unit에서 배워야 할 어법을 간략하게 소개하여 학습의 틀을 잡도록 하였습니다.

해설강의

일본어의 기본 뼈대를 하나씩 잡아주는 어법을 일본어 선생님이 강의하시는 것처럼 친절하게 설명하였습니다. 기본 해설강의를 잘 읽고 예문을 통해 제대로 이해를 했는지 점검하세요. 이렇게 차근차근 어법을 익혀나가면 자신도 모르는 사이에 일본어를 알아간답니다.

Word

어법 해설의 용례에 나오는 신출 단어로 꼭 암기하고 넘어가세요.

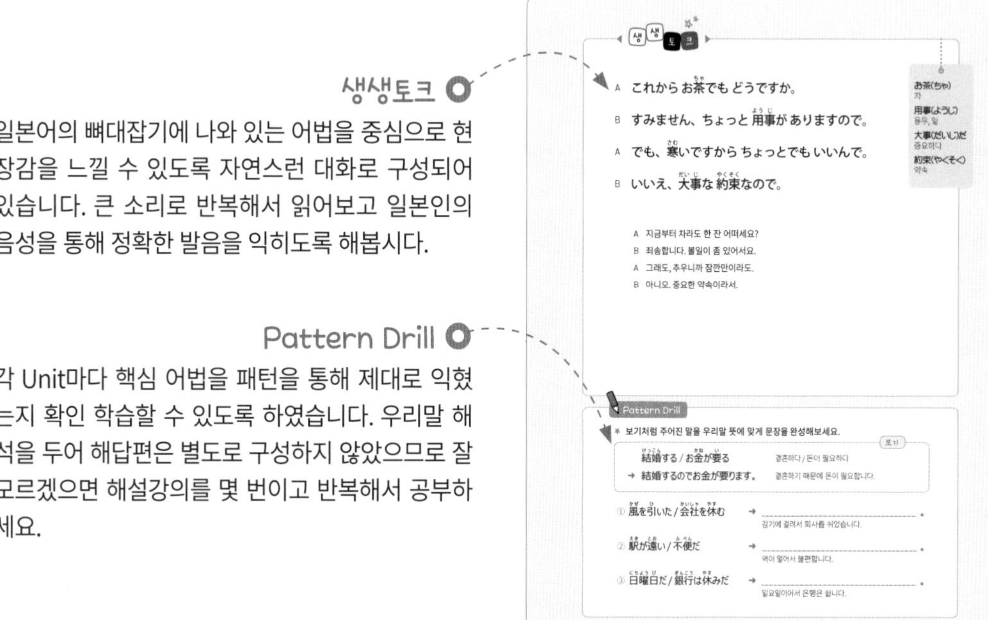

생생토크

A これから お茶でも どうですか。
B すみません、ちょっと 用事が ありますので。
A でも、寒いですから ちょっとでも いいんで。
B いいえ、大事な 約束なので。

A 지금부터 차라도 한 잔 어떠세요?
B 죄송합니다. 볼일이 좀 있어서요.
A 그래도, 추우니까 잠깐만이라도.
B 아니오. 중요한 약속이라서.

お茶(ちゃ) 차
用事(ようじ) 용무, 일
大事(だいじ)だ 중요하다
約束(やくそく) 약속

Pattern Drill

※ 보기처럼 주어진 말을 우리말 뜻에 맞게 문장을 완성해보세요.

보기
結婚する / お金が要る 결혼하다 / 돈이 필요하다
→ 結婚するのでお金が要ります。 결혼하기 때문에 돈이 필요합니다.

① 風を引いた / 会社を休む → ______________。
감기에 걸려서 회사를 쉬었습니다.

② 駅が遠い / 不便だ → ______________。
역이 멀어서 불편합니다.

③ 日曜日だ / 銀行は休みだ → ______________。
일요일이어서 은행은 쉽니다.

31

생생토크

일본어의 뼈대잡기에 나와 있는 어법을 중심으로 현장감을 느낄 수 있도록 자연스런 대화로 구성되어 있습니다. 큰 소리로 반복해서 읽어보고 일본인의 음성을 통해 정확한 발음을 익히도록 해봅시다.

Pattern Drill

각 Unit마다 핵심 어법을 패턴을 통해 제대로 익혔는지 확인 학습할 수 있도록 하였습니다. 우리말 해석을 두어 해답편은 별도로 구성하지 않았으므로 잘 모르겠으면 해설강의를 몇 번이고 반복해서 공부하세요.

차 례

상태의 변화와 수급표현 익히기

일본어의 상태의 변화 표현은 저절로 되다라는 뜻을 가진 동사 なる가 접속되는 형태를 말합니다. 수급표현은 주고 받는 행위를 표현하는 것으로 수여동사 あげる, くれる, もらう를 사용합니다.

01 명사의 변화표현

わたしは先生(せんせい)になりたいです。

저는 선생님이 되고 싶습니다.

명사에 ~になる를 접속하면 어떤 상태에서 다른 상태로 변해가는 것을 나타냅니다.

● 명사 ~になる ~이(가) 되다

なる는 우리말의 「되다」라는 뜻을 가진 동사로 말하는 사람의 의지와는 상관없이 어떤 상태에서 다른 상태로 변해 가는 것을 나타냅니다. 명사에 접속할 때는 우리말에서는 「~이(가) 되다」이지만, 일본어에서는 ~になる의 형태로 조사 に가 오므로 우리말로 직역하여 ~がなる가 되지 않도록 주의해야 합니다.

명사+だ	의미	~になる	의미
学者だ	학자이다	**学者になる**	학자가 되다
作家だ	작가이다	**作家になる**	작가가 되다
画家だ	화가이다	**画家になる**	화가가 되다

もう あたたかい 春(はる)になりました。
벌써 따뜻한 봄이 되었습니다.

彼女(かのじょ)は 大学(だいがく)を 卒業(そつぎょう)して 画家(がか)になりました。
그녀는 대학을 졸업하고 화가가 되었습니다.

木村(きむら)さんは 社会(しゃかい)に 出(で)て 弁護士(べんごし)になりました。
기무라 씨는 사회에 나와서 변호사가 되었습니다.

Word

暖(あたた)かい 따뜻하다　春(はる) 봄　卒業(そつぎょう)する 졸업하다　画家(がか) 화가
社会(しゃかい) 사회　弁護士(べんごし) 변호사

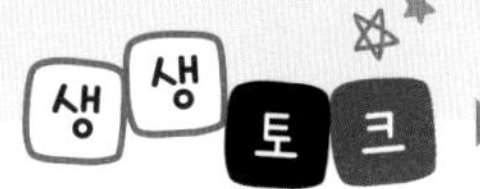

A　もう入学(にゅうがく)の時期(じき)になりましたね。

B　ええ、新入生(しんにゅうせい)には今(いま)がいちばん忙(いそが)しい時期(じき)です。

A　田中(たなか)さんの将来(しょうらい)の夢(ゆめ)は何(なん)ですか。

B　わたしは先生(せんせい)になりたいです。

A　벌써 입학 시기가 되었네요.

B　네, 신입생에게는 지금이 가장 바쁜 시기입니다.

A　다나카 씨는 장래 꿈이 뭐예요?

B　저는 선생님이 되고 싶습니다.

入学(にゅうがく)
입학

時期(じき)
시기

新入生(しんにゅうせい)
신입생

忙(いそが)しい
바쁘다

将来(しょうらい)
장래

夢(ゆめ)
꿈

Pattern Drill

✱ 보기처럼 주어진 말을 우리말 뜻에 맞게 문장을 바꿔보세요.

보기

卒業(そつぎょう)して先生(せんせい)だ　　졸업해서 선생이다

➜ 卒業して先生になりました。　　졸업해서 선생이 되었습니다.

① 暑(あつ)い夏(なつ)だ　➜ ＿＿＿＿＿＿＿＿＿＿＿＿＿。
더운 여름이 되었습니다.

② 子供(こども)は大人(おとな)だ　➜ ＿＿＿＿＿＿＿＿＿＿＿＿＿。
아이는 어른이 되었습니다.

③ 忙(いそが)しい時期(じき)だ　➜ ＿＿＿＿＿＿＿＿＿＿＿＿＿。
바쁜 시기가 되었습니다.

02 상태의 변화표현 (1)

顔(かお)が 真(ま)っ赤(か)になりましたよ。

얼굴이 새빨개졌어요.

형용동사에 ~になる를 접속하면 어떤 상태에서 다른 상태로 변해가는 것을 나타냅니다.

● 형용동사 ~になる ~해지다

なる가 형용동사에 접속할 때는 어미 だ가 に로 바뀌어 접속합니다. 이 때는 「~해지다, ~하게 되다」의 뜻을 나타냅니다.

기본형	의 미	~になる	의 미
便利だ	편리하다	**便利になる**	편리해지다
静かだ	조용하다	**静かになる**	조용해지다
有名だ	유명하다	**有名になる**	유명해지다

夜(よる)に なって 空(そら)が 真(ま)っ黒(くろ)になりました。
밤이 되어 하늘이 새카매졌습니다.

彼(かれ)は 芸能人(げいのうじん)になって 有名(ゆうめい)になりました。
그는 연예인이 되어 유명해졌습니다.

まわりは 夜(よる)になって やっと 静(しず)かになりました。
주위는 밤이 되어 겨우 조용해졌습니다.

Word

有名(ゆうめい)だ 유명하다　夜(よる) 밤　空(そら) 하늘　真(ま)っ黒(くろ)だ 새카맣다
芸能人(げいのうじん) 연예인　周(まわ)り 주위

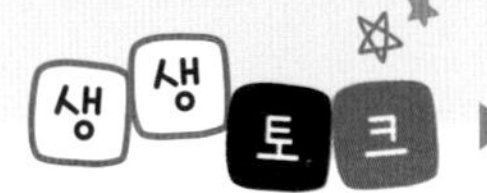

A 桜井(さくらい)さん、最近(さいきん)きれいになりました。何(なん)か いい ことでも ありますか。

B 実(じつ)は 彼氏(かれし)が できたんです。

A うらやましい。桜井(さくらい)さんの 顔(かお)が 真(ま)っ赤(か)になりましたよ。

B そうですか。いつか 紹介(しょうかい)します。

最近(さいきん) 최근, 요즘
綺麗(きれい)だ 예쁘다
彼氏(かれし) 그 사람, 남자 애인
紹介(しょうかい)する 소개하다

A 사쿠라이 씨, 요즘 예뻐지셨네요. 무슨 좋은 일이라도 있으세요?
B 실은 남자친구가 생겼거든요.
A 부럽다. 사쿠라이 씨 얼굴이 새빨개졌어요.
B 그래요? 언젠가 소개할게요.

Pattern Drill

보기처럼 주어진 말을 우리말 뜻에 맞게 문장을 바꿔보세요.

보기
周(まわ)りが静(しず)かだ 주위가 조용하다
➜ 周りが静かになりました。 주위가 조용해졌습니다.

① 交通(こうつう)が便利(べんり)だ ➜ ________________。
교통이 편해졌습니다.

② 顔(かお)が真(ま)っ青(さお)だ ➜ ________________。
얼굴이 새파래졌습니다.

③ 歌手(かしゅ)は有名(ゆうめい)だ ➜ ________________。
가수는 유명해졌습니다.

상태의 변화표현 (2)

だいぶ 寒(さむ)くなりましたね。

꽤 추워졌어요.

상태의 변화를 나타낼 때 쓰이는 동사 なる가 형용사에 접속할 때는 어미 い가 く로 바뀝니다.

● 형용사~くなる ~해지다

なる가 형용사에 접속할 때는 형용사의 어미 い가 く로 바뀝니다. 이 때는 「~해지다, 하게 되다」의 뜻을 나타낸다.

기본형	의 미	~くなる	의 미
青い	파랗다	青くなる	파래지다
高い	비싸다	高くなる	비싸지다
易しい	쉽다	易しくなる	쉬워지다
面白い	재미있다	面白くなる	재미있어지다

最近(さいきん) 物価(ぶっか)が 高(たか)くなりました。
최근 물가가 비싸졌습니다.

だんだん 日本語(にほんご)が 易(やさ)しくなりました。
점점 일본어가 쉬워졌습니다.

天気(てんき)が 寒(さむ)くなって ストーブの まわりに 人々(ひとびと)が 集(あつ)まってきた。
날씨가 추워져서 스토브 주위에 사람들이 모여들었다.

Word

最近(さいきん) 최근, 요즘　物価(ぶっか) 물가　天気(てんき) 날씨　寒(さむ)い 춥다
ストーブ 스토브　人々(ひとびと) 사람들　集(あつ)まる 모이다

A だいぶ 寒(さむ)くなりましたね。

B ええ、もう 真冬(まふゆ)になった 気(き)が しますね。

A 冬(ふゆ)は 果物(くだもの)が 高(たか)くなるから いやです。

B そうですね。

でも、わたしは スキーが 好(す)きだから 楽(たの)しみです。

だいぶ 꽤, 상당히
真冬(まふゆ) 한겨울
気(き)が する 느낌이 들다
果物(くだもの) 과일
嫌(いや)だ 싫다
スキー 스키
楽(たの)しみ 즐거움

A 꽤 추워졌어요.
B 네, 정말 한겨울이 된 것 같네요.
A 겨울은 과일이 비싸지니까 싫어요.
B 그렇군요.
그래도 저는 스키를 좋아하니까 기다려집니다.

Pattern Drill

✱ 보기처럼 주어진 말을 우리말 뜻에 맞게 문장을 바꿔보세요.

보기

道路(どうろ)が広(ひろ)い 도로가 넓다
→ 道路が広くなりました。 도로가 넓어졌습니다.

① 物価(ぶっか)が高(たか)い → ________________。
물가가 비싸졌습니다.

② 日(ひ)が短(みじか)い → ________________。
해가 짧아졌습니다.

③ 日本語(にほんご)が易(やさ)しい → ________________。
일본어가 쉬워졌습니다.

04 수급표현 (1)

カバンを 買ってあげるのは どうですか。

가방을 　사주는 건 　어때요?

다른 사람에게 뭔가를 주는 동작을 나타낼 때는 やる, あげる, さしあげる를 사용합니다.

• やる, あげる,さしあげる 주다(드리다)

あげる는 자기나 자기 쪽 사람이 다른 사람에게 물건을 주는 동작을 나타냅니다. 손아랫사람이거나 동식물에게 주는 동작을 나타낼 때는 やる를 쓰며, 손윗사람에게 주는 동작을 나타낼 때는 さしあげる를 씁니다.

犬に 餌を やりました。 개에게 먹이를 주었습니다.

木村さんに プレゼントを あげました。 기무라 씨에게 선물을 주었습니다.

わたしは 先生に お土産を さしあげました。 저는 선생님께 선물을 드렸습니다.

• ~てやる, てあげる, てさしあげる ~해 주다(드리다)

동사의 て형에 やる, あげる, さしあげる가 접속하면 그 사람을 위해 행동을 해 주다라는 뜻을 나타냅니다.

わたしは 友達に 写真を 見せてやりました。
나는 친구에게 사진을 보여 주었습니다.

わたしは 田中さんに 写真を 見せてあげました。
나는 다나카 씨에게 사진을 보여 주었습니다.

わたしは 先生に 写真を 見せてさしあげました。
저는 선생님께 사진을 보여 드렸습니다.

Word

犬(いぬ) 개　餌(えさ) 먹이　プレゼント 선물　お土産(みやげ) 선물　写真(しゃしん) 사진
見(み)せる 보이다

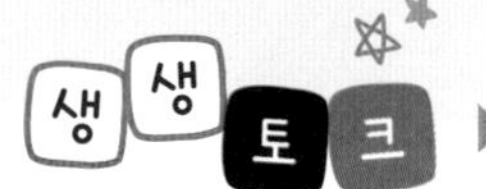

A 宇野(うの)さんの 入学祝(にゅうがくいわ)いに 何(なに)が いいでしょうか。

B さあ、本(ほん)を 買(か)ってあげるのが いいんじゃありませんか。

A でも、宇野(うの)さんが 本(ほん)を 読(よ)んでいるのは 見(み)た ことが ないですよ。

B そうですね。
じゃ、カバンを 買(か)ってあげるのは どうですか。

入学祝(にゅうがくいわ)い 입학축하
さあ 글쎄
カバン 가방

A 우노 씨의 입학 선물로 뭐가 좋을까요?
B 글쎄, 책을 사서 주는 게 좋지 않을까요?
A 하지만, 우노 씨가 책을 읽는 걸 본 적이 없어요.
B 그렇군요. 그럼, 가방을 사주는 건 어때요?

Pattern Drill

보기처럼 주어진 말을 우리말 뜻에 맞게 문장을 완성해보세요.

보기

日本語(にほんご)を教(おし)える / 金(キム)さんに 일본어를 가르치다 / 김씨에게
→ 金さんに日本語を教えてあげました。 김씨에게 일본어를 가르쳐 주었습니다.

① 本(ほん)を読(よ)む / 子供(こども)に → ________________。
아이에게 책을 읽어 주었습니다.

② 万年筆(まんねんひつ)を買(か)う / 吉村(よしむら)さんに → ________________。
요시무라 씨에게 만년필을 사 주었습니다.

③ 絵(え)を描(か)く / 先生(せんせい)に → ________________。
선생님께 그림을 그려 드렸습니다.

05 수급표현 (2)

兄(あに)が 本(ほん)を 買(か)ってくれました。

형이 책을 사줬습니다.

자기, 또는 자신 쪽으로 상대가 뭔가를 주다라는 뜻을 나타낼 때는 くれる, くださる를 사용합니다.

● くれる, くださる 주다(주시다)

くれる는 자기, 또는 자신 쪽으로 상대가 뭔가를 주다라는 뜻을 나타내는 말입니다. くれる는 자신과 대등하거나 손아랫사람이 자신이나 자기 쪽으로 「주다」라는 뜻을 나타내고, くださる는 「주시다」의 뜻으로 손윗사람이 자기나 자신 쪽으로 뭔가를 주다를 나타냅니다.

友達(ともだち)が 僕(ぼく)に カメラを くれました。

친구가 나에게 카메라를 주었습니다.

先生(せんせい)が 卒業祝(そつぎょういわ)いに 辞書(じしょ)を くださいました。

선생님이 졸업 선물로 사전을 주셨습니다.

● ~てくれる, ~てくださる ~해 주다(주시다)

~てくれる(くださる)는 상대가 자신이나 자기 쪽을 위해 뭔가의 동작이나 행동을 해 주다라는 뜻을 나타냅니다.

彼女(かのじょ)が 僕(ぼく)に 時計(とけい)を 買(か)ってくれました。

그녀는 나에게 시계를 사 주었습니다.

先生(せんせい)が 私(わたし)に 本(ほん)を 買(か)ってくださいました。

선생님이 저에게 책을 사 주셨습니다.

Word

カメラ 카메라　卒業(そつぎょう) 졸업　辞書(じしょ) 사전　時計(とけい) 시계

A 渡辺(わたなべ)さん、何(なん)か いい ことでも ありますか。

B ええ、兄(あに)が 私(わたし)の 誕生日(たんじょうび)に 本(ほん)を 買(か)ってくれました。

A うらやましいです。

彼女(かのじょ)からは?

B 彼女(かのじょ)は わたしに ケーキを くれました。

誕生日(たんじょうび)
생일

うらやましい
부럽다

ケーキ
케이크

A 와타나베 씨, 뭔가 좋은 일이라도 있으세요?

B 네, 형이 제 생일에 책을 사줬습니다.

A 부럽네요.

여자친구한테는?

B 여자친구는 제게 케이크를 주었습니다.

Pattern Drill

★ 보기처럼 주어진 말을 우리말 뜻에 맞게 문장을 완성해보세요.

보기

写真(しゃしん)を送(おく)る / 彼女(かのじょ)は僕(ぼく)に　사진을 보내다 / 그녀는 나에게

➜ 彼女は写真を送ってくれました。　그녀는 나에게 사진을 보내 주었습니다.

① 料理(りょうり)を作(つく)る / 彼女(かのじょ)は僕(ぼく)に ➜ ______________________。
그녀는 나에게 요리를 만들어 주었습니다.

② 歌(うた)を歌(うた)う / 彼(かれ)は私(わたし)に ➜ ______________________。
그는 나에게 노래를 불러 주었습니다.

③ 紹介(しょうかい)する / 先生(せんせい)は山田(やまだ)さんを ➜ ______________________。
선생님은 야마다 씨를 소개해 주셨습니다.

06 수급표현 (3)

誰(だれ)に 教(おし)えてもらったの。

누구한테 배운 거야?

자기, 또는 자신 쪽으로 상대가 뭔가를 받다라는 뜻을 나타낼 때는 もらう, いただく를 사용합니다.

● もらう, いただく 받다

もらう는 상대에게 뭔가를 「받다」라는 뜻으로, 동등한 관계나 손아랫사람에게 받을 때 씁니다. 손윗사람에게 뭔가를 받다라고 할 때는 いただく를 씁니다.

友達(ともだち)に プレゼントを もらいました。
친구에게 선물을 받았습니다.

先生(せんせい)に 推薦状(すいせんじょう)を いただきました。
선생님께 추천장을 받았습니다.

● ~てもらう, ~ていただく ~해 받다

~てもらう(いただく)는 상대에게 행동을 받다라는 뜻이지만 우리말로 직역하면 어색하므로 「~해 주다(주시다)」로 해석합니다.

おとうとに 切符(きっぷ)を 買(か)ってきてもらった。
동생이 표를 사다 주었다.

友達(ともだち)に レポートを コピーしてもらいました。
친구가 리포트를 복사해 주었습니다.

先生(せんせい)に いい 職場(しょくば)を 紹介(しょうかい)していただきました。
선생님이 좋은 직장을 소개해 주셨습니다.

Word

推薦状(すいせんじょう) 추천장　切符(きっぷ) 표　レポート 리포트　コピーする 복사하다
職場(しょくば) 직장　紹介(しょうかい)する 소개하다

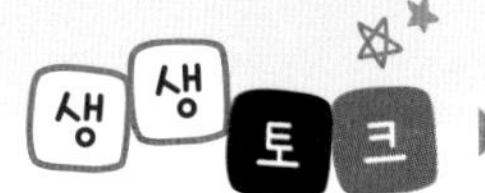

A 英会話(えいかいわ)も 上手(じょうず)だね。誰(だれ)に 教(おし)えてもらったの。

B いや、まだまだだよ。

アメリカ人(じん)に 教(おし)えてもらったよ。

A 英文学(えいぶんがく)の レポートは もう 出(だ)したの。

B うん。友(とも)だちに 出(だ)してもらった。

英会話(えいかいわ)
영어회화

教(おし)える
가르치다

アメリカ人(じん)
미국인

英文学(えいぶんがく)
영문학

出(だ)す
내다, 제출하다

A 영어회화도 잘하네. 누구한테 배운 거야?

B 뭐, 한참 멀었지.

미국인한테 배웠어.

A 영문학 리포트는 벌써 냈니?

B 응, 친구가 내줬어.

Pattern Drill

보기처럼 주어진 말을 우리말 뜻에 맞게 문장을 완성해보세요.

보기

日本語(にほんご)を教(おし)える / 先生(せんせい)に　　일본어를 가르치다 / 선생님께

→ 先生に日本語を教えていただきました。　　선생님이 일본어를 가르쳐 주셨습니다.

① 辞書(じしょ)を貸(か)す / 友達(ともだち)に → ______________________。
친구에게 사전을 빌렸습니다.

② 町(まち)を案内(あんない)する / 木村(きむら)さんに → ______________________。
기무라 씨에게 도시를 안내받았습니다.

③ 意味(いみ)を説明(せつめい)する / 先生(せんせい)に → ______________________。
선생님이 뜻을 설명해 주셨습니다.

どうぞ

우리가 해외여행을 할 때 손쉽게 사용할 수 있는 말은 영어의 **Please**와 **Yes**와 **No**입니다. 사실은 이것만으로 무장하여 해외여행을 나가는 사람들도 있습니다. 마찬가지로 일본어에서도 편리한 말이 두 가지 있습니다. 하나는 **どうも**이고, 또 하나는 **どうぞ**입니다.

예를 들면 레스토랑에 들어가려고 할 때 입구에서 다른 손님과 부딪쳤다고 합시다. **どうぞ**라고 말하며 그 사람을 먼저 들여보내면 그 사람은 **どうも**라고 말하며 들어가든가 **どうぞ**라고 말하고 이쪽을 먼저 들어가게 양보하든가 할 것입니다.

どうぞ를 영어로 번역하면 **Please**입니다만, 사용법에 따라 약간 의미가 다릅니다. 영어의 **Please**는 역 안내인이나 레스토랑의 웨이트리스나 백화점의 여점원이 가끔 멀리에 있는 사람을 부를 때도 쓸 수 있지만, 이러한 경우에 일본어의 **どうぞ**로는 그다지 도움이 되지 않습니다.

どう?

どう?는 「어떠세요?」라든가 「어떻게 생각합니까?」를 의미하는 **どうですか?**의 축약된 형태입니다. **どう?**는 대화의 상대방으로부터 이야기 중인 사항에 대한 본인의 마음이라든가 방금 막 일어난 사항에 대해서 본인의 견해를 알아내는 데 쓰입니다.

건강이 회복되고 있는 친구에 대해 쓰이는 **どう?**는 그의 건강상태를 묻고 있는 것을 의미하고, 비즈니스의 교섭 중에 쓰는 **どう?**는 이야기의 결론을 상대에게 다그치는 것을 의미합니다. 퇴근시간이 되어 동료나 사원을 향해 쓰이는 「한 잔, 어때?」는 「귀가에 한 잔 마실까?」라는 의미입니다.

원인 · 이유표현 익히기

일본어에서는 원인이나 이유를 나타낼 때 접속조사 て로도 표현하지만, 구체적으로 주관적인 원인·이유를 말할 때는 から를 씁니다. 반대로 객관적인 원인·이유를 나타낼 때는 ので를 쓰는 것이 보통입니다.

주관적인 원인 · 이유의 표현

電車(でんしゃ)で 事故(じこ)が あったから。

전철에서 사고가 있어서.

からが 활용어에 접속하여 쓰일 때는 주관적인 원인이나 이유를 나타냅니다.

● ~から ~하기 때문에, ~하니까

から는 여러 가지 용법이 있으나 활용어에 접속하여 쓰일 때는 「~하기 때문에, ~하니까」의 뜻으로 두 개의 문장을 이어주기도 하고, 또 앞의 문장이 뒤의 문장의 원인이나 이유를 나타냅니다. から는 주로 주관적인 원인 · 이유를 나타냅니다. 따라서 뒤에 희망 표현이나 명령, 요구, 의지를 나타내는 말이 옵니다. から가 명사나 형용동사에 접속할 때는 だから의 형태를 취합니다.

품 사	기본형	~から	의 미
명 사	学生だ	学生だから	학생이니까
동 사	来る	来るから	오니까
형 용 사	寒い	寒いから	추우니까
형용동사	静かだ	静かだから	조용하니까

あしたは 日曜日(にちようび)だから 会社(かいしゃ)へ 行(い)きません。

내일은 일요일이라서 회사에 가지 않습니다.

寒(さむ)いですから 窓(まど)を 閉(し)めてください。

추우니까 창문을 닫으세요.

雨(あめ)が 降(ふ)って いますから、遠足(えんそく)は 中止(ちゅうし)しましょう。

비가 내리고 있으니까 소풍은 가지 맙시다.

この 住宅街(じゅうたくがい)は 静(しず)かだから 家賃(やちん)が 高(たか)い。

이 주택가는 조용해서 집세가 비싸다.

Word

会社(かいしゃ) 회사　閉(し)める 닫다　遠足(えんそく) 소풍　中止(ちゅうし)する 중지하다
住宅街(じゅうたくがい) 주택가　家賃(やちん) 집세

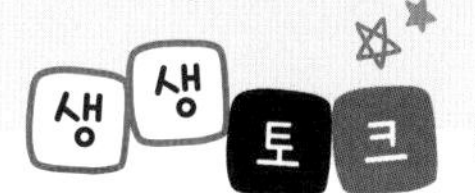

A 山田君(やまだくん)、どうして こんなに 遅(おく)れたの。

B ごめん。

電車(でんしゃ)で 事故(じこ)が あったから。

A 時間(じかん)が ないから 早(はや)く 始(はじ)めましょう。

B もう 大丈夫(だいじょうぶ)だから 少(すこ)し 落(お)ち着(つ)いて。

遅(おく)れる
늦다

事故(じこ)
사고

始(はじ)める
시작하다

大丈夫(だいじょうぶ)だ
괜찮다

落(お)ち着(つ)く
침착하다, 진정하다

A 야마다, 왜 이렇게 늦었어?

B 미안.

전철에서 사고가 있어서.

A 시간 없으니까 빨리 시작합시다.

B 이제 괜찮으니까 조금 진정해.

Pattern Drill

보기처럼 주어진 말을 우리말 뜻에 맞게 문장을 완성해보세요.

보기

寒(さむ)い / 窓(まど)を閉(し)める　　춥다 / 창문을 닫다

➜ 寒いから窓を閉めなさい。　　추우니까 창문을 닫아라.

① 静(しず)かだ / 家賃(やちん)も高(たか)い ➜ ______________________。
조용하니까 집세도 비쌉니다.

② またある / それは要(い)らない ➜ ______________________。
또 있으니까 그건 필요 없습니다.

③ あすは試験(しけん)だ / 勉強(べんきょう)する ➜ ______________________。
내일은 시험이니까 공부해라.

02 객관적인 원인·이유의 표현

ちょっと 用事(ようじ)が ありますので。

좀 볼일이 있어서요.

ので는 활용어에 접속하여 객관적인 원인이나 이유를 나타냅니다.

● ~ので ~하기 때문에

ので는 활용어에 접속하여 から와 마찬가지로 두 개의 문장을 이어주거나 또는 앞의 문장이 뒤의 문장의 원인이나 이유를 나타냅니다. 그러나 から가 주관적인 원인·이유인데 반해, ので는 객관적인 원인이나 이유를 나타냅니다. ので는 회화체에서 んで로 발음이 변하기도 하며 ので가 명사나 형용동사에 접속할 때는 なので의 형태를 취합니다.

품 사	기본형	~ので	의 미
명 사	学生だ	学生なので	학생이기 때문에
동 사	来る	来るので	오기 때문에
형 용 사	寒い	寒いので	춥기 때문에
형용동사	静かだ	静かなので	조용하기 때문에

ここは 交通(こうつう)が 便利(べんり)なので 住(す)みやすいです。

여기는 교통이 편해서 살기 편합니다.

試験(しけん)が 近(ちか)づいたので、みんな 勉強(べんきょう) して います。

시험이 다가와서 모두 공부하고 있습니다.

金(キム)さんは 忙(いそが)しいので、なかなか 会(あ)う ことが できません。

김씨는 바빠서 좀처럼 만날 수가 없습니다.

まだ 学生(がくせい)なので 勉強(べんきょう)しなければ なりません。

아직 학생이라서 공부하지 않으면 안 됩니다.

Word

便利(べんり)だ 편(리)하다　住(す)む 살다　試験(しけん) 시험　皆(みんな) 모두

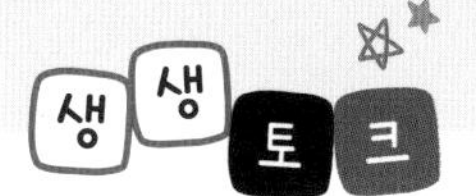

A これから お茶(ちゃ)でも どうですか。

B すみません、ちょっと 用事(ようじ)が ありますので。

A でも、寒(さむ)いですから ちょっとでも いいんで。

B いいえ、大事(だいじ)な 約束(やくそく)なので。

A 지금부터 차라도 한 잔 어떠세요?

B 죄송합니다. 볼일이 좀 있어서요.

A 그래도, 추우니까 잠깐만이라도.

B 아니오. 중요한 약속이라서.

お茶(ちゃ)
차

用事(ようじ)
용무, 일

大事(だいじ)だ
중요하다

約束(やくそく)
약속

Pattern Drill

보기처럼 주어진 말을 우리말 뜻에 맞게 문장을 완성해보세요.

보기

結婚(けっこん)する / お金(かね)が要(い)る　　결혼하다 / 돈이 필요하다

→ 結婚するのでお金が要ります。　　결혼하기 때문에 돈이 필요합니다.

① 風(かぜ)を引(ひ)いた / 会社(かいしゃ)を休(やす)む → ＿＿＿＿＿＿＿＿＿＿ 。
감기에 걸려서 회사를 쉬었습니다.

② 駅(えき)が遠(とお)い / 不便(ふべん)だ → ＿＿＿＿＿＿＿＿＿＿ 。
역이 멀어서 불편합니다.

③ 日曜日(にちようび)だ / 銀行(ぎんこう)は休(やす)みだ → ＿＿＿＿＿＿＿＿＿＿ 。
일요일이어서 은행은 쉽니다.

03 역접조건의 표현

九時を 過ぎたのに、来ていませんね。

아홉 시가 지났는데 안 왔네요.

のに는 활용어에 접속하여 역접의 조건을 나타냅니다.

● ~のに ~하는데도

のに는「~하는데도, ~함에도 불구하고」의 뜻으로 역접의 조건을 나타내기도 하고,「~인데, ~텐데, ~하련만」의 뜻으로 의외의 결과에 대한 원망이나 불만의 기분을 나타내기도 합니다. のに가 명사나 형용동사에 접속할 때는 なのに의 형태를 취합니다.

품 사	기본형	~のに	의 미
명 사	学生だ	学生なのに	학생인데도
동 사	来る	来るのに	오는데도
형용사	寒い	寒いのに	추운데도
형용동사	静かだ	静かなのに	조용한데도

彼は まだ 学生なのに 勉強を しません。

그는 아직 학생인데도 공부를 하지 않습니다.

ここは 交通が 便利なのに 家賃が 安いです。

여기는 교통이 편한데도 집세가 쌉니다.

勉強が したいのに、忙しくて 時間が ありません。

공부를 하고 싶은데 바빠서 시간이 없습니다.

けんめいに 走ったのに 間に 合わなかった。

열심히 뛰었는데도 시간에 대지 못했다.

Word

交通(こうつう) 교통　家賃(やちん) 집세　勉強(べんきょう) 공부　忙(いそが)しい 바쁘다

생생 토크

A もう 九時(くじ)を 過(す)ぎたのに、木村(きむら)さんは まだ 来(き)ていませんね。

B ええ、本当(ほんとう)に 遅(おそ)いですね。

電話(でんわ)も なかったんですか。

A この あいだも 遅(おそ)れたのに、ずうずうしいですね。

B 本当(ほんとう)に そうですね。

過(す)ぎる 지나다
本当(ほんとう)に 정말로
遅(おそ)い 늦다
間(あいだ) 동안, 사이
遅(おく)れる 늦다
ずうずうしい 뻔뻔하다, 교활하다

A 벌써 아홉 시가 지났는데. 기무라 씨는 아직 안 왔네요.
B 네, 정말 늦네요. 전화도 없었나요?
A 요전에도 늦었는데, 뻔뻔하네요.
B 정말 그러네요.

Pattern Drill

✱ 보기처럼 주어진 말을 우리말 뜻에 맞게 문장을 완성해보세요.

보기

まだ学生(がくせい)だ / 勉強(べんきょう)をする　아직 학생이다 / 공부를 하다
➜ まだ学生なのに勉強をしません。　아직 학생인데도 공부를 하지 않습니다.

① 熱(ねつ)がある / 外出(がいしゅつ)する ➜ ______________________。
열이 있는데 외출합니다.

② 周(まわ)りは汚(きたな)い / 人(ひと)が多(おお)い ➜ ______________________。
주위가 더러운데도 사람이 많습니다.

③ 交通(こうつう)が不便(ふべん)だ / 家賃(やちん)が高(たか)い ➜ ______________________。
교통이 불편한데도 집세가 비쌉니다.

04 원인·이유의 표현

風邪(かぜ)を 引(ひ)いたため、会社(かいしゃ)を 休(やす)みました。

감기에 걸려서 회사를 쉬었습니다.

ため는 활용어에 접속하여 구체적인 원인이나 이유를 나타냅니다.

● ~(の)ために ~(이기)하기 때문에

~ために는 원인·이유를 나타낼 때는 우리말의 「~때문에」로 해석되며, 명사에 접속할 때는 ~のために의 형태가 됩니다. 또한 끝말의 に를 생략하고 쓰는 경우도 있습니다.

風(かぜ)が 強(つよ)かったために 船(ふね)が 出(で)ませんでした。
바람이 세차서 배가 떠나지 못했습니다.

過労(かろう)のため、三日間(みっかかん) 休養(きゅうよう)が 必要(ひつよう)です。
과로 때문에 3일간 휴양이 필요합니다.

台風(たいふう)が 近(ちか)づいて いるために 波(なみ)が 高(たか)くなっている。
태풍이 가까워지고 있어서 파도가 높아지고 있다.

病 病(びょうき)のために 学校(がっこう)を 休(やす)みました。
아파서 학교를 쉬었습니다.

Word

風邪(かぜ) 감기　引(ひ)く 끌다　強(つよ)い 강하다, 세다　船(ふね) 배　過労(かろう) 과로
休養(きゅうよう) 휴양　台風(たいふう) 태풍　波(なみ) 파도

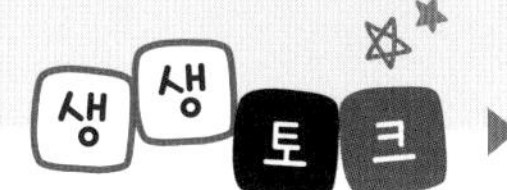

A　きのう、どうして会社(かいしゃ)を休(やす)みましたか。

B　ひどい風邪(かぜ)を引(ひ)いたために、会社(かいしゃ)を休(やす)みました。

A　そうですか。もう治(なお)りましたか。

B　きのう うちで ゆっくり休(やす)んだため、
すっかり休(やす)りましたよ。

どうして
왜, 어째서

治(なお)る
(병이) 낫다

すっかり
완전히, 몽땅

A　어제, 왜 회사를 쉬었습니까?

B　심한 감기에 걸려서 회사를 쉬었습니다.

A　그렇습니까? 이제 나았습니까?

B　어제 집에서 푹 쉬어서 완전히 나았습니다.

보기처럼 주어진 말을 우리말 뜻에 맞게 문장을 완성해보세요.

보기

病気(びょうき)だ / 学校(がっこう)を休(やす)む　　아프다 / 학교를 쉬다

➜ 病気のため学校を休みました。　　아파서 학교를 쉬었습니다.

① 病気(びょうき)だ / タバコを止(や)める　➜ ______________________ 。
아파서 담배를 끊었습니다.

② 過労(かろう)だ / 風邪(かぜ)を引(ひ)く　➜ ______________________ 。
과로 때문에 감기에 걸렸습니다.

③ 雨(あめ)が降(ふ)った / 遠足(えんそく)を中止(ちゅうし)する　➜ ______________________ 。
비가 내려서 소풍을 중지했습니다.

05 목적의 표현

すべては 将来(しょうらい)の ためですよ。

모든 것은 장래를 위해서예요.

ため는 활용어에 접속하여 상태나 동작 등의 목적을 나타내기도 합니다.

● ~(の)ために ~(을) 위해서

~ために는 앞서 배운 원인·이유를 나타내는 용법 이외에 「~(을) 위해서」의 뜻으로 목적을 나타내기도 합니다. 명사에 접속할 때는 ~のために의 형태가 되고, に를 생략하고 쓰는 경우도 있습니다.

家(いえ)を 買(か)うために 朝(あさ)から 晩(ばん)まで 一生(いっしょう)けんめい 働(はたら)く。
집을 사기 위해 아침부터 밤까지 열심히 일하다.

将来(しょうらい)のために お金(かね)を ためています。
장래를 위해 돈을 모으고 있습니다.

世界平和(せかいへいわ)のために 国際会議(こくさいかいぎ)が 開(ひら)かれています。
세계평화를 위해 국제회의가 열리고 있습니다.

木村(きむら)さんは お金(かね)を 借(か)りるために 訪(たず)ねてきました。
기무라 씨는 돈을 빌리기 위해서 찾아왔습니다.

健康(けんこう)のために たばこを 止(や)める ことに しました。
건강을 위해 담배를 끊기로 했습니다.

Word

働(はたら)く 일하다　貯(た)める 모으다, 저축하다　開(ひら)く 열다　借(か)りる 빌리다
訪(たず)ねる 방문하다　健康(けんこう) 건강　止(や)める 그만두다

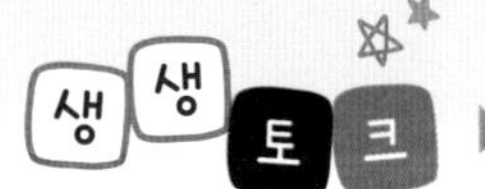

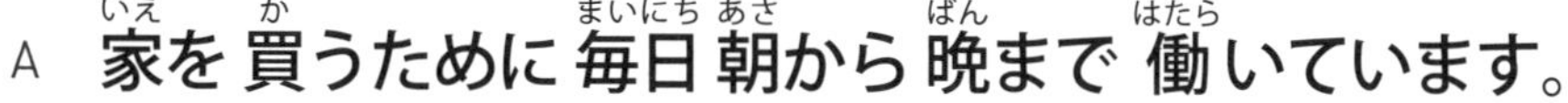

A 家(いえ)を 買(か)うために 毎日(まいにち) 朝(あさ)から 晩(ばん)まで 働(はたら)いています。

B お金(かね)も いいけど、

健康(けんこう)のために ちょっとは 休(やす)んだ ほうが いいよ。

A すべては 将来(しょうらい)のためですよ。

B でも、心配(しんぱい)だから 体(からだ)に 気(き)を つけて。

毎日(まいにち)
매일

すべて
모두

体(からだ)
몸

気(き)を つける
조심하다,
주의하다

A 집을 사기 위해서 매일 아침부터 밤까지 열심히 일하고 있습니다.

B 돈도 좋지만, 건강을 위해서 조금은 쉬는 게 좋아.

A 모든 것은 장래를 위해서예요.

B 그래도, 걱정되니까, 몸에 신경 써.

Pattern Drill

* 보기처럼 주어진 말을 우리말 뜻에 맞게 문장을 완성해보세요.

보기

お金(かね)を儲(もう)ける / 働(はたら)く　돈을 벌다 / 일하다

➜ お金を儲けるために働きます。　돈을 벌기 위해 일합니다.

① 大学(だいがく)に入(はい)る / 一生懸命勉強(いっしょうけんめいべんきょう)する ➜ ________________。
대학에 들어가기 위해 열심히 공부합니다.

② 健康(けんこう)だ / タバコを止(や)める ➜ ________________。
건강을 위해 담배를 끊었습니다.

③ 彼(かれ)に会(あ)う / 朝早(あさはや)く出(で)る ➜ ________________。
그를 만나기 위해 아침 일찍 나왔습니다.

06 불확실한 추측의 표현

彼(かれ)は 忙(いそが)しくて 行(い)かないかもしれません。

그는 바빠서 안 갈지도 모릅니다.

~かもしれない는 활용어 또는 명사에 접속하여 불확실한 추측을 나타냅니다.

● ~かもしれない ~할(일)지도 모른다

~かもしれない는 체언 및 용언에 접속하여 「~할(일)지도 모른다」의 뜻으로 불확실한 추측을 나타냅니다. 정중하게 표현할 때는 ~かもしれません을 씁니다.

きょうは 雨(あめ)が 降(ふ)るかもしれない。
오늘은 비가 내릴지도 모른다.

それは 本当(ほんとう)かもしれません。
그것은 정말일지도 모릅니다.

彼女(かのじょ)は ここへ 来(こ)ないかもしれません。
그녀는 여기에 오지 않을지도 모릅니다.

今度(こんど)の 数学(すうがく)の 試験(しけん)は 難(むずか)しいかもしれません。
이번 수학 시험은 어려울지도 모릅니다.

みんな わたしたちを 待(ま)っているかもしれません。
모두 우리들을 기다리고 있을지도 모릅니다.

あの 眼鏡(めがね)を かけた 人(ひと)は 日本人(にほんじん)かもしれません。
저 안경을 쓴 사람은 일본인일지도 모릅니다.

Word

数学(すうがく) 수학　眼鏡(めがね)を かける 안경을 쓰다

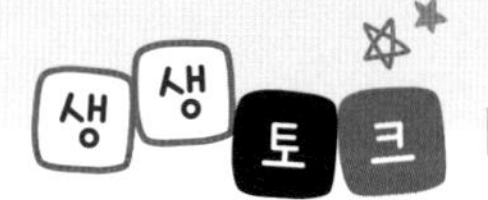

A 吉村(よしむら)さんは今度(こんど)の旅行(りょこう)に行(い)かないんですか。

B そうですね。忙(いそが)しくて行(い)かないかもしれません。

A でも、最後(さいご)の旅行(りょこう)になるかもしれないから

一緒(いっしょ)に行(い)きましょう。

B そうですね。考(かんが)えておきます。

今度(こんど) 이번
旅行(りょこう) 여행
忙(いそが)しい 바쁘다
最後(さいご) 마지막
一緒(いっしょ)に 함께
考(かんが)える 생각하다

A 요시무라 씨는 이번 여행을 안 가세요?

B 글쎄요. 바빠서 안 갈지도 모릅니다.

A 그래도, 마지막 여행이 될지도 모르니까 같이 가요.

B 글쎄요. 생각해보겠습니다.

Pattern Drill

보기처럼 주어진 말을 우리말 뜻에 맞게 문장을 완성해보세요.

보기

今日は雪(ゆき)が降(ふ)る　오늘은 눈이 내린다

→ 今日は雪が降るかもしれません。　오늘은 눈이 내릴지도 모릅니다.

① 木村(きむら)さんは国(くに)へ帰(かえ)る → ______________________。
기무라 씨는 고향에 갈지도 모릅니다.

② 今度(こんど)の試験(しけん)は易(やさ)しい → ______________________。
이번 시험은 쉬울지도 모릅니다.

③ 彼(かれ)は病気(びょうき)だ → ______________________。
그는 아픈지도 모릅니다.

まあまあ

「요즘 어떠십니까?」라고 인사말을 걸면 일본인은 곧잘 **まあまあ**라고 대답합니다. **まあまあ**는 확실한 말을 하는 것을 주저할 때도 자주 씁니다.

그래서 팔림새가 좋지 않아 찡그린 표정을 하고 있는 세일즈맨이 경쟁상대로부터 성과를 질문 받았을 때나 골퍼가 라이벌에게 그린에서의 성적을 질문 받았을 때에 이 표현으로 대답하는 경우가 있습니다.

이런 불명료한 표현을 쓰는 일본인과 이야기를 하고 있으면 분명 초조하겠지만, 인관관계에 있어서 협조관계를 중요시하는 일이 일본사회 특징의 하나입니다.

그러나 어떤 일에 있어서 당신의 기호의 정도를 듣고 당신이 **まあまあ**라는 대답을 했다고 하면 아무리 애매한 일본인이라고 해도 얼마간 기분을 상하지 않을 수 없습니다.

あー、そうですか!

교섭에 익숙하고 통역을 고용하는 데도 경험이 있는 비즈니스맨이라면 일본인 비즈니스맨이 교섭상대로 동의할 때에 **あー、そうですか!**라는 말을 연발하는 것에 쉽게 신경이 쓰이게 될 것입니다. 영어로 그대로 번역하면 **Oh! is that so?**입니다.

교섭 상대가 느긋하게 머리를 끄덕이면서 **あー、そうですか!**를 연발하고 있으면 당신의 비즈니스 교섭이 만족스럽게 진척되고 있고 당신의 존재도 환영받고 있다고 이해해도 괜찮을 것입니다. 하지만 상대가 말한 것에 찬동하지 않으면서도 일본인은 **あー、そうですか!**라는 버릇이 있다는 점에도 주의를 해야 합니다. 게다가 상대가 말한 것을 무시할 때도 이 말이 잘 쓰이므로, 이 말로 상대가 말하려고 하는 것을 판단하는 것은 매우 미묘한 일입니다.

Part 03

동작 · 상태의 열거표현 익히기

일본어의 상태나 동작을 열거할 때는 접속조사 し로 표현하는 형식과 たり로 표현하는 형식이 있습니다. たり는 형용사에 접속할 때는 かったり의 형태를 취하고 단정이나 형용동사의 경우는 だったり의 형태를 취합니다. 그리고 동사의 경우에는 て가 접속될 때와 마찬가지로 5단동사에는 음편(音便)이 있으며, たり(だり)의 형태를 취합니다.

01 열거의 표현

家賃(やちん)も 高(たか)いし、引(ひ)っ越(こ)ししたいな。

집세도 비싸고 해서 이사하고 싶어.

し는 활용어에 접속하여 여러 가지 사항을 열거합니다.

● ~し ~하고

し는 활용어에 접속하여 여러 가지 사항을 열거할 때 쓰는 접속조사입니다. 보통 ~し ~し의 형태로 복수의 사실이나 사항을 열거해서 그것을 이유로 제시하는 것이 기본적인 용법이지만, 여러 가지 이유 중에서 어느 한 가지만을 예로 들고 나머지는 언외(言外)로 돌리는 용법으로 쓰이기도 합니다.

この レストランは 安(やす)いし、うまい。
이 레스토랑은 싸고 맛있다.

お金(かね)も あるし、暇(ひま)も あるし、映画(えいが)にでも 出(で)かけましょう。
돈도 있고 시간도 있으니 영화라도 보러 나갑시다.

今日(きょう)は 雨(あめ)だし、それに 風(かぜ)も つよい。
오늘은 비도 오고 게다가 바람도 세다.

就職(しゅうしょく)もできたし、これから 自分(じぶん)で やって いきます。
취직도 되었고 하니 앞으로 스스로 해 나가겠습니다.

彼(かれ)は お酒(さけ)も 飲(の)まないし、たばこも 吸(す)わないし、真面目(まじめ)な 青年(せいねん)です。
그는 술도 안 마시지 담배도 안 피우지 착실한 청년입니다.

Word

品質(ひんしつ) 품질 うまい (맛이) 좋다 暇(ひま) 짬, 여가 風(かぜ) 바람 就職(しゅうしょく) 취직 自分(じぶん)で 스스로 真面目(まじめ)だ 착실하다, 성실하다 青年(せいねん) 청년

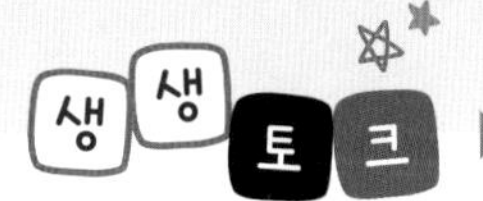

A 君(きみ)のアパートは静(しず)かなの。

B うん、うちのアパートは静(しず)かだし、日当(ひあ)たりもいいよ。

A わたしのアパートはにぎやかだし、
家賃(やちん)も高(たか)いし、引(ひ)っ越(こ)ししたいな。

B でも、会社(かいしゃ)から近(ちか)いからしょうがないじゃん。

アパート
아파트

日当(ひあ)たり
양지

賑(にぎ)やかだ
붐비다

引(ひ)っ越(こ)し
이사

近(ちか)い
가깝다

しょうがない
어쩔 수 없다

A 네가 사는 아파트 조용해?

B 응, 우리 아파트는 조용하고 햇볕도 잘 들어.

A 우리 아파트는 시끄럽고 집세도 비싸고 이사하고 싶어.

B 그래도, 회사에서 가까우니까 어쩔 수 없잖아.

Pattern Drill

✱ 보기처럼 주어진 말을 우리말 뜻에 맞게 문장을 완성해보세요.

보기

このパンは安(やす)い / うまい　　이 빵은 싸다 / 맛있다

➜ このパンは安いし、うまいです。　　이 가게는 싸고 맛있습니다.

① お金(かね)もある / どこかへ行(い)く ➜ ______________________。
돈도 있고 하니 어딘가로 갑시다.

② 今日(きょう)は休(やす)みだ / それに天気(てんき)もいい ➜ ______________________。
오늘은 휴일이고 게다가 날씨도 좋습니다.

③ 蒸(む)し暑(あつ)い / 風(かぜ)もない ➜ ______________________。
무더운데다 바람도 없습니다.

02 단정·형용동사의 열거형

学生(がくせい)に よって 上手(じょうず)だったり します。

학생에 따라서 잘하거나 합니다.

여러 가지 사물이나 사항, 상태 등을 열거할 때는 だったり로 표현합니다.

● 명사·형용동사 ~だったり ~이(하)기도 하고

たり는 단정을 나타내는 だ의 과거형이나, 형용동사의 과거형에 접속하여 사물이나 상태를 열거합니다. 즉, 우리말의 「~이(하)기도 하고」의 뜻으로 주로 「~だったり ~だったり する」로 많이 쓰입니다.

품 사	기본형	과거형	열거형
명 사	学生だ 先生だ	学生だった 先生だった	学生だったり 先生だったり
형용동사	静かだ 必要だ	静かだった 必要だった	静かだったり 必要だったり

曜日(ようび)に よって 男子学生(だんしがくせい)だったり 女子学生(じょしがくせい)だったり します。
요일에 따라 남학생이기도 하고 여학생이기도 합니다.

日(ひ)に よって 静(しず)かだったり 賑(にぎ)やかだったり します。
날에 따라서 조용하기도 하고 붐비기도 합니다.

必要(ひつよう)だったり する ものを 選(えら)んで ください。
필요하거나 한 것을 고르세요.

Word

男子学生(だんしがくせい) 남학생　女子学生(じょしがくせい) 여학생　選(えら)ぶ 고르다

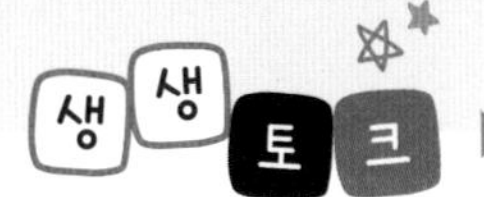

A 先生(せんせい)の クラスの 学生(がくせい)は みんな 英語(えいご)が 上手(じょうず)ですか。

B いいえ、学生(がくせい)に よって 上手(じょうず)だったり 下手(へた)だったり します。

A ここは いつも こんなに 静(しず)かですか。

B いいえ、日(ひ)に よって 賑(にぎ)やかだったり します。

クラス
클래스, 반

皆(みんな)
모두

上手(じょうず)だ
능숙하다, 잘하다

下手(へた)だ
서투르다, 못하다

日(ひ)
날, 해

A 선생님 반 학생들은 모두 영어를 잘합니까?
B 아니오. 학생에 따라서 잘하거나 못하거나 합니다.
A 여기는 언제나 이렇게 조용합니까?
B 아니오. 날에 따라서 붐비기도 합니다.

Pattern Drill

✱ 보기처럼 주어진 말을 우리말 뜻에 맞게 문장을 완성해보세요.

보기

上手(じょうず)だ / 下手(へた)だ / 人(ひと)によって　　잘하다 / 못하다 / 사람에 따라서

➜ 人によって上手だったり下手だったりします。 사람에 따라서 잘하기도 하고 못하기도 합니다.

① 歌手(かしゅ)だ / タレントだ / 彼(かれ)は　➜ ________________。
그는 가수이기도 하고 탤런트이기도 합니다.

② 雨(あめ)だ / 雪(ゆき)だ / 地域(ちいき)によって　➜ ________________。
지역에 따라서 비가 내리거나 눈이 오기도 합니다.

③ 不便(ふべん)だ / 便利(べんり)だ / 交通(こうつう)によって　➜ ________________。
교통에 따라서 편하기도 하고 불편하기도 합니다.

03 형용사의 열거형

品物(しなもの)に よって 安(やす)かったり します。

물건에 / 따라서 / 싸거나 / 합니다.

형용사에 たり를 접속하면 여러 가지 상태나 성질 등을 나열합니다.

● 형용사 ~かったり ~하기도 하고

たり는 형용사의 과거형에 접속하여 ~かったり의 형태를 취하여 상태를 열거합니다. 우리말의 「~하기도 하고」의 뜻으로 주로 「~かったり ~かったり する」로 많이 쓰입니다.

기본형	과거형	열거형	의 미
早い 遅い	早かった 遅かった	早かったり 遅かったり	빠르기도 하고 늦기도 하고
暑い 寒い	暑かった 寒かった	暑かったり 寒かったり	덥기도 하고 춥기도 하고

去年(きょねん)の 冬(ふゆ)は 暑(あつ)かったり 寒(さむ)かったり して よくなかった。
작년 겨울은 덥기도 하고 춥기도 해서 좋지 않았다.

薬(くすり) は 飲(の)んだり 飲(の)まなかったり しては 効果(こうか)が ない。
약을 먹었다 안 먹었다 하면 효과가 없다.

曜日(ようび)に よって 早(はや)かったり 遅(おそ)かったり します。
요일에 따라 빠르기도 하고 늦기도 합니다.

Word

去年(きょねん) 작년　冬(ふゆ) 겨울　薬(くすり) 약　効果(こうか) 효과

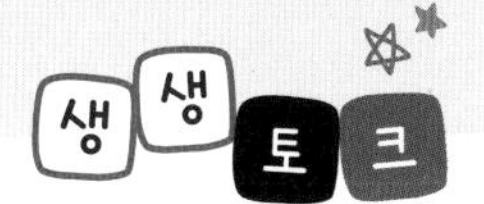

A このスーパーは何[なん]でも値段[ねだん]が安[やす]いですか。

B いいえ、品物[しなもの]によって安[やす]かったり高[たか]かったりします。

A ここはいつも人[ひと]がたくさんいますか。

B いいえ、時間[じかん]によって人[ひと]が多[おお]かったり少[すく]なかったりします。

値段(ねだん) 가격, 값
品物(しなもの) 물건
いつも 늘, 항상
多(おお)い 많다
少(すく)ない 적다

A 저 슈퍼는 무엇이든 값이 쌉니까?
B 아니오. 물건에 따라서 싸거나 비싸거나 합니다.
A 여기는 언제나 사람이 많습니까?
B 아니오. 시간에 따라서 사람이 많거나 적거나 합니다.

보기처럼 주어진 말을 우리말 뜻에 맞게 문장을 완성해보세요.

보기

安[やす]い / 高[たか]い / 品物[しなもの]によって　　싸다 / 비싸다 / 물건에 따라서

➜ 品物によって安かったり高かったりします。　　물건에 따라서 싸기도 하고 비싸기도 합니다.

① 多[おお]い / 少[すく]ない / 魚[さかな]の取[と]れる量[りょう]は ➜ ____________________。
물고기가 잡히는 양은 많기도 하고 적기도 합니다.

② 暑[あつ]い / 涼[すず]しい / 地域[ちいき]によって ➜ ____________________。
지역에 따라서 덥기도 하고 시원하기도 합니다.

③ 難[むずか]しい / 易[やさ]しい / 試験[しけん]は ➜ ____________________。
시험은 어렵기도 하고 쉽기도 합니다.

04 5단동사의 열거형 (1)

うちで 音楽(おんがく)を 聞(き)いたり します。
집에서 음악을 듣거나 합니다.

동작을 열거하거나 나열할 때 접속하는 たり는 동사의 과거형처럼 활용을 합니다.

● 5단동사 ~いた(だり) (イ음편) ~하기도 하고

たり는 두 가지 이상의 동작을 적당히 열거하거나 서로 반대되는 사항을 나열할 때 쓰이는 접속조사입니다. たり가 5단동사에 접속할 때는 앞서 배운 た나 て가 이어질 때와 마찬가지로 어미가 く・ぐ인 경우는 イ음편을 하여 いた(だ)り의 형태를 취합니다.

기본형	て형	과거형	열거형
書く	書いて	書いた	書いたり
急ぐ	急いで	急いだ	急いだり

部屋(へや)で 手紙(てがみ)を 書(か)いたり 音楽(おんがく)を 聞(き)いたり する。
방에서 편지를 쓰기도 하고 음악을 듣기도 한다.

● 5단동사 ~ったり(촉음편) ~하기도 하고

5당동사의 어미가 つ・る・う인 경우는 촉음편을 하여 ~ったり의 형태를 취합니다.

기본형	て형	과거형	열거형
待つ	待って	待った	待ったり
乗る	乗って	乗った	乗ったり
言う	言って	言った	言ったり

会社(かいしゃ)へ 行(い)く 時(とき)は バスに 乗(の)ったり タクシーに 乗(の)ったり します。
회사에 갈 때는 버스를 타거나 택시를 타거나 합니다.

Word
手紙(てがみ) 편지　バス 버스　タクシー 택시

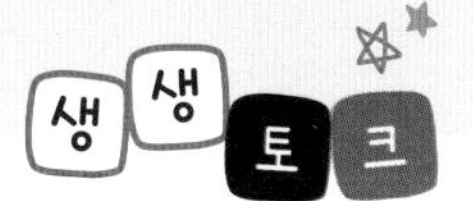

A 今日(きょう) ソウルの 天気(てんき)は どうでしたか。

B 一日中(いちにちじゅう) 雨(あめ)が 降(ふ)ったり 止(や)んだり しました。

A 雨(あめ)が 降(ふ)る 日(ひ)は うちで 何(なに)を して 過(す)ごしますか。

B 部屋(へや)で 手紙(てがみ)を 書(か)いたり、

音楽(おんがく)を 聞(き)いたり します。

天気(てんき)
날씨

一日中(いちにちじゅう)
하루종일

止(や)む
그치다

過(す)ごす
지내다, 보내다

A 오늘 서울 날씨는 어땠어요?

B 하루 종일 비가 왔다가 갰다가 했습니다.

A 비가 오는 날은 집에서 무엇을 하며 지냅니까?

B 집에서 편지를 쓰거나 음악을 듣거나 합니다.

Pattern Drill

✱ 보기처럼 주어진 말을 우리말 뜻에 맞게 문장을 완성해보세요.

보기

ギターを引(ひ)く / 絵(え)を描(か)く　기타를 치다 / 그림을 그리다

➜ ギターを引いたり絵を描いたりします。 기타를 치거나 그림을 그리거나 합니다.

① 歌(うた)を歌(うた)う / 音楽(おんがく)を聞(き)く ➜ ______________________。
노래를 부르거나 음악을 듣거나 합니다.

② 雨(あめ)が降(ふ)る / 雪(ゆき)が降(ふ)る ➜ ______________________。
비가 오기도 하고 눈이 오기도 합니다.

③ タクシーに乗(の)る / 電車(でんしゃ)に乗(の)る ➜ ______________________。
택시를 타거나 전철을 타거나 합니다.

5단동사의 열거형 (2)

外(そと)で 友(とも)だちと 遊(あそ)んだり します。

밖에서 친구와 놀거나 합니다.

동사의 어미가 む·ぶ·ぬ인 경우는 하네루 음편을 하여 んだり의 형태를 취합니다.

● 5단동사 ~んだり(하네루 음편) ~하기도 하고

5단동사의 어미가 む · ぶ · ぬ인 경우는 하네루 음편을 하여 ~んだり의 형태를 취합니다.

기본형	て형	과거형	열거형
飲む	飲んで	飲んだ	飲んだり
呼ぶ	呼んで	呼んだ	呼んだり
死ぬ	死んで	死んだ	死んだり

ビールを 飲(の)んだり 歌(うた)を 歌(うた)ったり します。

맥주를 마시거나 노래를 부르거나 합니다.

小説(しょうせつ)を 読(よ)んだり 音楽(おんがく)を 聞(き)いたり します。

소설을 읽거나 음악을 듣거나 합니다.

● 5단동사 ~したり(무음편) ~하기도 하고

5단동사의 어미가 す인 5단동사는 음편이 없고 ます가 접속될 때와 동일합니다.

기본형	て형	과거형	열거형
話す	話して	話した	話したり

かばんの 中(なか)で 何(なん)か 出(だ)したり、誰(だれ)かに 話(はな)したりします。

가방 속에서 뭔가 꺼내기도 하고 누군가에게 이야기하기도 합니다.

Word

ビール 맥주　歌(うた) 노래　歌(うた)う 노래하다　小説(しょうせつ) 소설

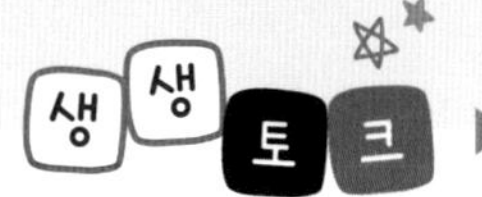

A 田中(たなか)さんは いつも 日曜日(にちようび)は 何(なに)を していますか。

B そうですね。

うちで 本(ほん)を 読(よ)んだり 友(とも)だちと 遊(あそ)んだり します。

A 歌(うた)を 歌(うた)うのは 好(す)きですか。

B はい、時々(ときどき) カラオケで 歌(うた)ったり しますね。

いつも
늘, 항상

時々(ときどき)
가끔, 때때로

カラオケ
가라오케, 노래방

A 다나카 씨는 평소 일요일에는 무엇을 합니까?

B 글쎄요.
집에서 책을 읽거나 친구와 놀거나 합니다.

A 노래를 부르는 것은 좋아합니까?

B 네, 가끔 가라오케에서 노래를 부르거나 합니다.

Pattern Drill

✱ 보기처럼 주어진 말을 우리말 뜻에 맞게 문장을 완성해보세요.

보기

コーヒーを飲(の)む / ジュースを飲(の)む　커피를 마시다 / 주스를 마시다

コーヒーを飲(の)んだりジュースを飲(の)んだりする。 커피를 마시기도 하고 주스를 마시기도 한다.

① 小説(しょうせつ)を読(よ)む / 雑誌(ざっし)を読(よ)む ➜ ____________________ 。
소설을 읽기도 하고 잡지를 읽기도 한다.

② 机(つくえ)を運(はこ)ぶ / 椅子(いす)を運(はこ)ぶ ➜ ____________________ 。
책상을 나르기도 하고 의자를 나르기도 한다.

③ 鳥(とり)が飛(と)ぶ / とんぼが飛(と)ぶ ➜ ____________________ 。
새가 날기도 하고 잠자리가 날기도 한다.

1단동사와 변격동사의 열거형

友(とも)だちが 遊(あそ)びに 来(き)たり しますね。

친구들이 놀러 오거나 합니다.

상1단·하1단동사에 たり가 접속할 때는 음편을 하지 않고 ます가 접속할 때와 동일합니다.

● 상1단·하1단동사 ~たり ~하기도 하고

접속조사 たり가 상1단·하1단동사에 접속할 때도 어미 る가 탈락됩니다.

기본형	て형	과거형	열거형
見る	見て	見た	見たり
寝る	寝て	寝た	寝たり

休(やす)みの日(ひ)は テレビを 見(み)たり 音楽(おんがく)を 聞(き)いたり します。

쉬는 날에는 텔레비전을 보거나 음악을 듣거나 합니다.

● 변격동사 ~たり ~하기도 하고

접속조사 たり변격동사에 접속할 때는 きたり, したり가 됩니다. 마찬가지로 行く(가다)의 경우는 イ음편을 하지 않고 촉음편을 합니다.

기본형	て형	과거형	열거형
来る	きて	きた	きたり
する	して	した	したり

韓国(かんこく)と 日本(にほん)の 間(あいだ)を 行(い)ったり 来(き)たり します。

한국과 일본 사이를 왔다 갔다 합니다.

朝起(あさお)きて 体操(たいそう)を したり ジョギングを したり します。

아침에 일어나 체조를 하거나 조깅을 하거나 합니다.

Word

寝(ね)る 자다　間(あいだ) 사이, 동안

생생 토크

A 休(やす)みの日(ひ)には どう 過(す)ごしましたか。

B 部屋(へや)で ビデオを 見(み)たり、外(そと)で 運動(うんどう)を したり しました。

A 友(とも)だちとは 遊(あそ)んだり しませんか。

B そうですね。友(とも)だちが うちに 遊(あそ)びに 来(き)たり しますね。

どう 어떻게
ビデオ 비디오
外(そと) 밖
運動(うんどう) 운동

A 쉬는 날에는 어떻게 지냈습니까?
B 집에서 텔레비전을 보기도 하고 밖에서 운동을 하기도 했습니다.
A 친구들과 놀거나 하지 않습니까?
B 글쎄요. 친구들이 집에 놀러 오거나 합니다.

Pattern Drill

보기처럼 주어진 말을 우리말 뜻에 맞게 문장을 완성해보세요.

보기

遅(おそ)く寝(ね)る / 早(はや)く起(お)きる　　늦게 자다 / 일찍 일어나다
→ 遅く寝たり早く起きたりします。　　늦게 자거나 일찍 일어나거나 합니다.

① ネオンがつく / 消(き)える → ______________________。
네온이 켜졌다 꺼졌다 합니다.

② テレビを見(み)る / テニスをする → ______________________。
텔레비전을 보거나 테니스를 하거나 합니다.

③ 日本(にほん)へ行(い)く / 来(く)る → ______________________。
일본에 왔다 갔다 합니다.

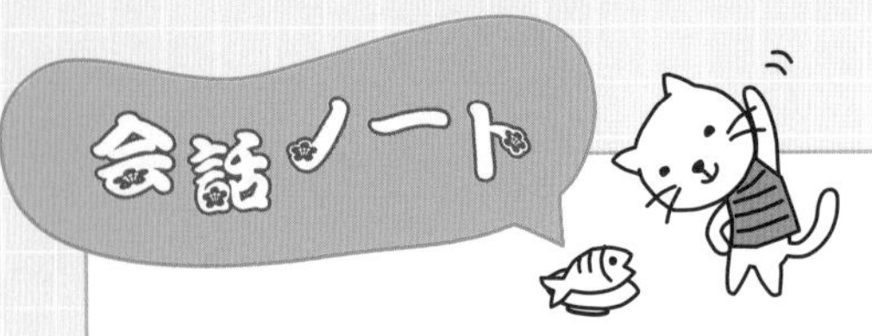

ちょっと

ちょっと는 **すこし**의 구어체로 다양한 형태로 일상생활에 많이 쓰입니다. 예를 들면「잠깐 기다려 주세요」라든가「잠깐 쉬자」가 있습니다. 이 경우의 ちょっと는「잠시 동안」이라는 의미입니다. 또,「약간 부족하다」라든가「좀 주세요」라는 사용법이 있는데, 이것들의 **ちょっと**는「소량」의 의미입니다.

ちょっと는「좀 할 수 없다」「좀 어렵다」는 **ちょっと**가 갖는 의미로 쓰일 경우에는 잠깐의 노력으로는 달성하기 어려운 것을 의미합니다. 또한 격식을 차리지 않고 남에게 말을 걸 때도 **ちょっと**가 쓰입니다. 예를 들면 거리에서 다른 사람의 관심을 끌거나 가게의 점원을 부르거나 할 때 **ちょっと**(이봐요)라고 말하기도 합니다.

「무얼 하고 있니?」라든가「이 쇠망치를 무슨 용도로 쓰고 있니?」라든가의 질문에 대한 대답으로서도 쓸 수 있습니다. **えー, ちょっと**라든가 **いや, ちょっと**라고 말하면 상대의 기분을 상하게 하지 않으며 이것은 **ちょっと**가 가리키는 것처럼 대단한 것은 아니기 때문에 가르쳐 줄 필요가 없다는 대답을 전할 수 있습니다.

がんばって!

거리에서 또는 빌딩의 복도나 다방에서 대화를 끝낸 두 일본인이 헤어지려 할 때에 말 대신에 **がんばって**라는 격려의 말을 나누는 것을 자주 봅니다.

がんばって는 무언가를 버티다, 지속하다, 내지는 꾸준히 행하는 것을 의미하는 **がんばる**의 변화형에 의뢰나 요구를 나타내는 **ください**가 생략된 형태입니다. **がんばってください**에는 **がんばれ**(힘내라), **がんばって**(힘내요), **がんばれよ**(힘내요)」, **がんばってね**(힘내요) 등의 변화형이 있습니다. 예를 들면 자기편의 야구팀을 응원할 때 **がんばれ**를 씁니다. **がんばれよ**는 시험 준비로 열심히 공부하고 있는 친구를 격려할 때 쓰는 또 다른 변화형입니다.

Part 04

완료상태의 패턴 익히기

여기서는 동사에 접속하여 쓰이는 ところだ의 용법과 ばかりだ의 용법을 중점적으로 익히며, 그밖에 접두어 お(ご)의 존경 용법과 미화 용법, 그리고 형용사나 형용동사의 어간에 접속하여 명사를 만드는 접미어 さ의 용법을 익힙니다.

01 열거·연결의 표현

京都(きょうと)とか、大阪(おおさか)にも 行(い)ってきました。

교토와 오사카에도 다녀왔습니다.

어떤 사물이나 동작, 상태에 대해 두 가지 이상 예를 들어서 말할 때는 とか를 사용합니다.

● ~とか ~라든가

とか는 어떤 사물이나 동작에 대하여 두 개 이상 예를 들어서 말할 때 씁니다. 우리말의 「~이라든가」에 해당하며, 주로 ~とか ~とか의 형태로 많이 쓰입니다.

僕(ぼく)は 映画(えいが)とか 芝居(しばい)とか いう ものは 好(す)きじゃない。
나는 영화라든가 연극이라든가 하는 것은 좋아하지 않는다.

時々(ときどき) 散歩(さんぽ)するとか スポーツを するとか しなさい。
가끔 산책을 한다든가 운동을 한다든가 해라.

● それから 그리고 나서

それから는 말을 연이어서 할 때 쓰이는 접속사로 우리말의 「그리고 나서, 그 다음에, 그리고, 이어서」 등으로 해석됩니다.

ケーキが 出(で)て、それから コーヒーが 出(で)た。
케이크가 나오고 이어서 커피가 나왔다.

昼 食(ちゅうしょく)を 取(と)り、それから 仕事(しごと)を 再開(さいかい)した。
점심을 먹고, 그 다음에 일을 재개했다.

Word

芝居(しばい) 연극　散歩(さんぽ)する 산책하다　スポーツ 스포츠, 운동　ケーキ 케이크
出(で)る 나(오)다　昼食(ちゅうしょく) 중식, 점심　取(と)る 취하다　再開(さいかい)する 재개하다

생생 토크

A 日本(にほん)での旅行(りょこう)はどこに行(い)ってきましたか。

B 京都(きょうと)とか奈良(なら)とか、それから大阪(おおさか)にも行(い)ってきました。

A いつ日本(にほん)に行(い)きましたか。

B 五年前(ごねんまえ)に行(い)ってきて、それから去年(きょねん)二回(にかい)も行(い)ってきました。

A 일본에서의 여행은 어디에 다녀오셨습니까?
B 교토와 나라, 그리고 오사카에도 다녀왔습니다.
A 언제 일본에 갔었습니까?
B 5년전 에 다녀오고, 그리고 작년에 두 번 다녀왔습니다.

旅行(りょこう) 여행
去年(きょねん) 작년
二回(にかい) 두 번, 2회

Pattern Drill

★ 보기처럼 주어진 말을 우리말 뜻에 맞게 문장을 완성해보세요.

보기
散歩(さんぽ) / ジョギングをする / しなさい 산책 / 조깅하다 / 해라
→ 散歩するとかジョギングをするとかしなさい。 산책을 하든가 조깅을 하든가 해라.

① 地位(ちい) / 名誉(めいよ) / 重(おも)んじる → ＿＿＿＿＿＿＿＿＿＿＿＿。
지위라든가 명예를 중히 여기다.

② 行(い)く / 行(い)かない / いって騒(さわ)いでいる → ＿＿＿＿＿＿＿＿＿＿＿＿。
간다거니 안 간다거니 하며 떠들고 있다.

③ 長(なが)い / 短(みじか)い / ばかりだ → ＿＿＿＿＿＿＿＿＿＿＿＿。
길든가 (아니면) 짧은 것뿐이다.

접두어 お(ご)의 존경·미화 표현

あの方(かた)は とても お優(やさ)しい 方(かた)です。

그분은 매우 상냥하신 분입니다.

접두어 お(ご)는 존경의 뜻을 나타내기도 하고 말을 아름답게 꾸미는 역할도 합니다.

● 접두어 お(ご)의 존경 용법

일본어에서는 상대방에 대해서 존경의 뜻을 나타내기 위해 접두어 お(ご)를 상대방의 소유물이나 관계되는 말 앞에 붙여 줍니다. 주로 お는 순수 일본어에 접두되고, ご는 한자어에 접두되는 경우가 많으나 이것은 일정하지가 않습니다.

これは 先生(せんせい)の お荷物(にもつ)です。
이것은 선생님의 짐입니다.

わたしが 東京(とうきょう)を ご案内(あんない)します。
제가 도쿄를 안내해 드리겠습니다.

● 접두어 お의 미화 용법

お는 단순히 말의 품위를 높여주기 위해 상대방과 관계없는 것에도 습관적으로 붙여서 표현하는 경우가 많습니다. 이것을 미화어(美化語)라고 하는데, 말하는 사람의 교양을 나타내기 위한 것에 불과합니다.

喫茶店(きっさてん)へ お茶(ちゃ)を 飲(の)みに 行(い)く。
다방에 차를 마시러 가다.

お米(こめ)を 洗(あら)う。 お電話(でんわ)を する。
쌀을 씻다. / 전화를 하다.

Word

荷物(にもつ) 짐　案内(あんない)する 안내하다　米(こめ) 쌀　洗(あら)う 씻다

생생 토크

A 吉村(よしむら)さんは どんな 方(かた)ですか。

B あの方(かた)は、とても お優(やさ)しい 方(かた)です。

A ぜひ 会(あ)ってみたいです。

B あとで、わたしが ご 紹介(しょうかい)します。

優(やさ)しい
상냥하다

ぜひ
꼭

紹介(しょうかい)する
소개하다

A 요시무라 씨는 어떤 분입니까?
B 그분은 매우 상냥하신 분입니다.
A 꼭 만나보고 싶군요.
B 나중에 제가 소개해 드릴게요.

Pattern Drill

보기처럼 주어진 말을 우리말 뜻에 맞게 문장을 완성해보세요.

보기

電話(でんわ)をする　　전화를 하다.
→ お電話をします。　　전화를 드리겠습니다.

① 案内(あんない)する　→ ______________________ 。
안내해 드리겠습니다.

② 紹介(しょうかい)する　→ ______________________ 。
소개해 드리겠습니다.

③ 米(こめ)を洗(あら)う　→ ______________________ 。
쌀을 씻습니다.

03 상태의 명사화

高(たか)さは 何(なん) メートルですか。

높이는 몇 미터입니까?

접미어 さ는 형용사나 형용동사의 어간에 접속하여 명사를 만듭니다.

● 접미어 さ의 용법

접미어 さ는 형용사의 어간이나 형용동사의 어간에 접속하여 그러한 성질이나 상태가 있는 것이라는 명사를 만들며, 또한 그 정도를 나타내기도 합니다. 상태를 명사화하는 접미어는 さ 이외에 み가 있는데 이것은 さ보다 추상적인 느낌을 줍니다.

기본형	의 미	~さ	의 미
高い	높다	**高さ**	높이
長い	길다	**長さ**	길이
美しい	아름답다	**美しさ**	아름다움
まじめだ	진지하다	**まじめさ**	진지함

あそこに 長(なが)さ 十(じゅう)メートル、重(おも)さ 五(ご)トンの 板(いた)が ある。

저기에 길이 10미터, 무게 5톤의 판자가 있다.

富士山(ふじさん)の 高(たか)さは 何(なん)メートルですか。

후지산 높이는 몇 미터입니까?

あの 山(やま)の 美(うつく)しさに 心酔(しんすい)する。

그 산의 아름다움에 심취되다.

悲(かな)しみで 胸(むね)が いっぱいです。

슬픔으로 가슴이 메입니다.

Word

長(なが)い 길다　重(おも)い 무겁다　トン 톤　板(いた) 판자　メートル 미터　山(やま) 산　美(うつく)しい 아름답다　心酔(しんすい)する 심취하다　悲(かな)しい 슬프다　胸(むね) 가슴

A あの 山(やま)の 高(たか)さは 何(なん)メートルですか。

B そうですね。

高(たか)さは 知(し)りませんが、日本(にほん)で 一番(いちばん) 高(たか)いです。

A 松本(まつもと)さんは あの 山(やま)に 登(のぼ)った ことが ありますか。

B はい。山(やま)の 美(うつく)しさは 今(いま)でも 忘(わす)れられませんよ。

知(し)る
알다

登(のぼ)る
오르다

今(いま)にも
지금도

A 저 산의 높이는 몇 미터 입니까?

B 글쎄요.

높이는 모르겠지만, 일본에서 가장 높습니다.

A 마츠모토 씨는 저 산에 오른 적이 있습니까?

B 네. 산의 아름다움은 지금도 잊을 수 없어요.

Pattern Drill

보기처럼 주어진 말을 우리말 뜻에 맞게 문장을 완성해보세요.

보기

長(なが)い / 何(なん)メートルですか　　길다 / 몇 미터입니까?

➜ 長さは何メートルですか。　　길이는 몇 미터입니까?

① 高(たか)い / 何(なん)メートルですか ➜ ______________________ 。
높이는 몇 미터입니까?

② 重(おも)い / 何(なん)キロですか ➜ ______________________ 。
무게는 몇 킬로그램입니까?

③ 美(うつく)しい / 最高(さいこう)です ➜ ______________________ 。
아름다움은 최고입니다.

04 동작의 진행·완료의 표현

今(いま)、準備(じゅんび)する ところです。
지금 준비하려던 참입니다.

ところ는 동사에 접속하여 동작 직전의 상태나 동작의 계속 진행을 나타내기도 합니다.

● ~ところだ 막 ~하려던 참이다

ところだ가 동사의 기본형에 접속하면 「막 ~하려던 참이다」의 뜻으로 동작이 이루어지기 직전의 상태를 나타냅니다.

今(いま) 出(で)かける ところです。
지금 나가려던 참입니다.

● ~ている ところだ ~하고 있는 중이다

ところだ는 동사의 진행형에 접속하여 ~ている ところだ의 형태를 취하면, 우리말의 「~하고 있는 중이다」의 뜻으로 동작이 계속 진행되고 있음을 나타냅니다.

今(いま) テレビを 見(み)ている ところです。
지금 텔레비전을 보고 있는 중입니다.

● ~た ところだ 막 ~했다

ところだ는 동사의 과거형에 접속한 ~た ところだ의 형태로 쓰이면 동작이 이루어진 직후의 상태로 우리말로는 「막 ~했다」에 해당합니다.

たった今(いま) 会議(かいぎ)が 終(お)わった ところです。
방금 막 회의가 끝난 참입니다.

Word
出(で)かける 나가다, 외출하다　たった今(いま) 방금　会議(かいぎ) 회의　終(お)わる 끝나다

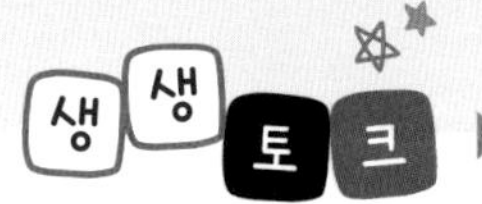

A 木村(きむら)さん、何(なに)を見(み)ていたんですか。

B 時代劇(じだいげき)を見(み)ていたところです。

A 今日(きょう)約束(やくそく)があったんじゃないですか。

B はい、今(いま)、準備(じゅんび)するところです。

> 時代劇(じだいげき)
> 사극
>
> 約束(やくそく)
> 약속
>
> 準備(じゅんび)する
> 준비하다

A 기무라 씨, 뭘 보고 있었어요?

B 사극을 보고 있던 참입니다.

A 오늘, 약속이 있지 않나요?

B 네, 지금 준비하려던 참입니다.

Pattern Drill

✱ 보기처럼 주어진 말을 우리말 뜻에 맞게 문장을 완성해보세요.

보기

今行(いまい)く	지금 가다
→ 今行くところです。	지금 가려던 참입니다.

① 今外出(いまがいしゅつ)する → ______________________ 。
지금 외출하려던 참입니다.

② ドラマを見(み)ている → ______________________ 。
드라마를 보고 있는 중입니다.

③ 授業(じゅぎょう)が終(お)わった → ______________________ 。
수업이 막 끝났습니다.

05 동작의 완료 및 상태의 표현

買(か)ったばかりで まだ 読(よ)んでいません。

막 (책을) 사서 / 아직 / 읽지 않았습니다.

ばかり는 동사의 과거형에 접속하여 동작이 끝난 지 얼마 안 된 시점을 나타냅니다.

● ~たばかりだ 막 ~했다

ばかり는 범위를 한정하는 뜻을 나타내는 조사로 우리말의 「~만, ~뿐」에 해당하지만 동사의 과거형에 접속하여 ~たばかりだ의 형태가 되면 「막 ~했다」의 뜻으로 동작이 끝난 지 얼마 되지 않았음을 나타냅니다.

その 話(はなし)は さっき 聞(き)いたばかりです。
그 이야기는 아까 막 들었습니다.

今(いま) 着(つ)いたばかりです。
지금 막 도착했습니다.

まだ 日本(にほん)へ 来(き)たばかりで 日本語(にほんご)が よく わかりません。
아직 일본에 온 지 얼마 안 되어서 일본어를 잘 모릅니다.

この 本(ほん)は きのう 買(か)ったばかりで まだ 読(よ)んでいません。
이 책은 어제 갓 사서 아직 읽지 않았습니다.

あの 人(ひと)には ゆうべ 会(あ)ったばかりです。
그 사람은 어젯밤 처음 만났습니다.

Word

さっき 아까, 조금 전　着(つ)く 닿다, 도착하다　ゆうべ 어젯밤

생생 토크

A その本(ほん)を貸(か)してくださいませんか。

B すみませんが、買(か)ったばかりでまだ読(よ)んでいません。

A ところで、その本(ほん)はたしか韓国語(かんこくご)で書(か)いてありましたよね。韓国語(かんこくご)が分(わ)かりますか。

B 韓国語(かんこくご)は勉強(べんきょう)したばかりで、よく分(わ)かりません。

貸(か)す
빌려주다

ところで
그런데

韓国語(かんこくご)
한국어

A 그 책을 빌려주시지 않겠습니까?

B 죄송합니다만, 막 산 책이라 아직 읽지 않았습니다.

A 그런데, 그 책은 분명 한국어로 쓰여 있던데요.
한국어를 할 줄 아세요?

B 한국어는 막 공부해서 잘 모릅니다.

Pattern Drill

보기처럼 주어진 말을 우리말 뜻에 맞게 문장을 완성해보세요.

보기

たった今帰(いまかえ)る　방금 돌아오다
→ たった今帰ったばかりです。　방금 막 돌아왔습니다.

① たった今聞(いまき)く → ______________________。
방금 막 들었습니다.

② たった今始(いまはじ)める → ______________________。
방금 막 시작했습니다.

③ たった今会(いまあ)う → ______________________。
방금 막 만났습니다.

06 동작의 한정표현

うちの 子供(こども)は 勉強(べんきょう)ばかりしています。

우리 애는 공부만 하고 있어요.

다른 동작은 하지 않고 단지 그 동작만 함을 나타낼 때는 てばかりいる 형태를 사용합니다.

● ~てばかり いる ~하고만 있다

ばかり가 동사의 て형에 접속하여 ~てばかり いる의 형태가 되면 「~하고만 있다」의 뜻으로 다른 동작은 하지 않고 단지 그 동작만 함을 나타냅니다.

何(なに)も しないで、うちで 遊(あそ)んでばかり います。
아무 것도 하지 않고 집에서 놀고만 있습니다.

うちの 子(こ)は 勉強(べんきょう)も しないで 遊(あそ)んでばかり います。
우리 아이는 공부도 하지 않고 놀고만 있습니다.

座(すわ)ってばかり いないで、たまには 運動(うんどう)しなさい。
앉아만 있지 말고 가끔은 운동하거라.

● ~ばかり ~ている ~만 ~하고 있다

위의 표현은 ~ばかり ~ている의 형태로 바꾸어서 말할 수도 있습니다. 이것도 그것뿐이고 다른 것은 없다는 뜻을 나타냅니다.

彼女(かのじょ)は テレビばかり 見(み)ています。
그녀는 텔레비전만 보고 있습니다.

彼女(かのじょ)は 一日中(いちにちじゅう) 小説(しょうせつ)ばかり 読(よ)んでいます。
그녀는 하루종일 소설만 읽고 있습니다.

Word

泣(な)く 울다　座(すわ)る 앉다　遊(あそ)ぶ 놀다　一日中(いちにちじゅう) 하루 종일

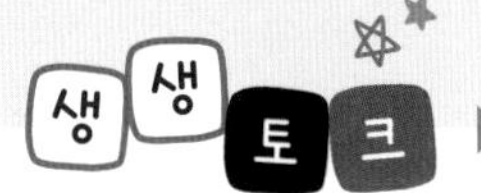

A うちの子供(こども)はうちで勉強(べんきょう)ばかりしています。

B それがどうしたんですか。

A まったく運動(うんどう)もしないので心配(しんぱい)です。

B 遊(あそ)んでばかりいるよりいいのじゃないですか。

子供(こども)
어린이

心配(しんぱい)だ
걱정이다

A 우리 애는 집에서 공부만 해요.

B 그게 어때서요?

A 전혀 운동도 안 해서 걱정입니다.

B 놀기만 하는 것보다 낫지 않나요?

Pattern Drill

보기처럼 주어진 말을 우리말 뜻에 맞게 문장을 완성해보세요.

보기

いつも怪我(けが)する　늘 다치다

→ いつも怪我してばかりいます。　늘 다치기만 합니다.

① 赤(あか)ちゃんは泣(な)く → ＿＿＿＿＿＿＿＿＿＿＿＿。
아이는 울기만 합니다.

② 朝(あさ)から食(た)べる → ＿＿＿＿＿＿＿＿＿＿＿＿。
아침부터 먹기만 합니다.

③ いつも遊(あそ)ぶ → ＿＿＿＿＿＿＿＿＿＿＿＿。
늘 놀기만 합니다.

やっぱりだめ

やっぱり나 **だめ**는 각기 쓰임이 넓어서 매우 많이 쓰이는 말입니다. **やっぱり**는 일은 예상했던 대로 내지는 걱정하고 있던 대로의 결과가 나왔을 경우에 쓰입니다. **だめ**는 대개 부정형이 필요한 경우에 쓰입니다. 바빠서 골프 권유를 거절하고 싶을 때나 또는 자신은 골프를 할 수 없다고 말하고 싶을 때에는 **だめ**라고 하면 됩니다. 또 사람이나 일을 가리켜 **だめ**라고 하면 그 사람이나 일이 모두가 좋지 않다는 것을 의미합니다.

やっぱり는 일이 좋지 않은 쪽으로 결과가 나오는 경우에 자주 쓰이기 때문에 **やっぱり**와 **だめ**가 종종 함께 결말을 짓게 됩니다.

よかった!

일본인이 일상회화에서 자주 쓰는 표현에 **よかった**가 있는데, 이것은 여러 가지 장면에서 쓸 수 있습니다. 예를 들면 물건을 놓고 온 장소에 돌아와서 그 물건을 찾았을 때 **ああ、よかった**(아아, 다행이야)라고 말할 수 있습니다.

마찬가지로 **よかった**는 입학시험에 합격했을 때나, 어려운 교섭의 잘 되었을 때에도 쓸 수 있습니다. 전자의 경우는 합격해서 신에게 고맙다는 의미를 나타내고 후자는 드디어 해냈다는 의미를 나타냅니다.

또 **よかったね**는 잃은 물건을 되찾은 사람에 대해 함께 기뻐하는 것을 나타내는 데도 쓸 수 있습니다. 이 표현은 **よかったね**라든가 **よかったな**라고 하듯이 **ね** 또는 **な**가 뒤에 붙어 쓰이는 경우가 많이 있습니다. **ね**는 상대의 동의를 부드럽게 구하는 데 쓰고 な는 말하는 사람의 기분을 강하게 하는 데에 씁니다.

Part 05

가능표현 제대로 익히기

일본어 동사의 가능 표현은 기본형에 ことが できる를 접속한 형태와, 5단동사의 경우 어미 う단을 え으로 바꾸어 동사형 어미 る를 접속하여 가능동사로 만드는 형식이 있습니다. 또 상1단·하1단동사의 경우는 마지막 음절인 る를 られる로 바꾸어 가능동사로 만듭니다.

01 가능의 표현

日本語(にほんご)を 話(はな)す ことが できますか。

일본어를 말할 줄 아세요?

동사의 기본형에 ことができる를 접속하여 가능 표현을 만듭니다.

● ~ことが できる ~할 수가 있다

동사의 기본형에 ことが できる의 형태로 접속하면 「~할 수가 있다」의 뜻으로 가능의 표현을 만듭니다. 이 때 조사 が는 は, も 등으로 바꾸어 쓸 수 있습니다.

기본형	의 미	~ことが できる	의 미
書く	쓰다	書く ことが できる	쓸 수가 있다
泳ぐ	헤엄치다	泳ぐ ことが できる	헤엄칠 수가 있다
言う	말하다	言う ことが できる	말할 수가 있다
持つ	들다	持つ ことが できる	들 수가 있다
乗る	타다	乗る ことが できる	탈 수가 있다
死ぬ	죽다	死ぬ ことが できる	죽을 수가 있다
飲む	마시다	飲む ことが できる	마실 수가 있다
飛ぶ	날다	飛ぶ ことが できる	날 수가 있다
起きる	일어나다	起きる ことが できる	일어날 수가 있다
食べる	먹다	食べる ことが できる	먹을 수가 있다
来る	오다	来る ことが できる	올 수가 있다
する	하다	できる	할 수 있다

この 字(じ)を 書(か)く ことが できますか。 이 글자를 쓸 수가 있습니까?

この 英文(えいぶん)は うまく 読(よ)む ことは できません。 이 영문은 잘 읽을 수는 없습니다.

この 漢字(かんじ)は 日本語(にほんご)で 読(よ)む ことも 書(か)く ことも できます。
이 한자는 일본어로 읽을 줄도 쓸 줄도 압니다.

Word

字(じ) 글자　英文(えいぶん) 영문　漢字(かんじ) 한자

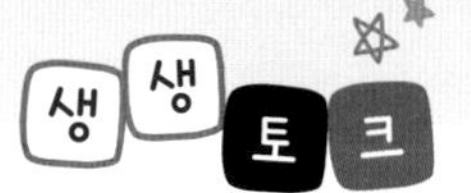

A 金(キム)さんは 日本語(にほんご)を 話(はな)す ことが できますか。

B はい、できます。

A 日本語(にほんご)を 書(か)く ことも できますか。

B いいえ、漢字(かんじ)が 難(むずか)しくて あまり できません。

話(はな)す
이야기하다

できる
할 수 있다

難(むずか)しい
어렵다

A 김씨는 일본어를 알 줄 아세요?

B 네, 할 줄 압니다.

A 일본어를 쓸 줄도 아세요?

B 아니오. 한자가 어려워서 잘 못씁니다.

Pattern Drill

✱ 보기처럼 주어진 말을 우리말 뜻에 맞게 문장을 바꿔보세요.

보기

英語(えいご)で手紙(てがみ)を書(か)く　　영어로 편지를 쓰다

➜ 英語で手紙を書くことができます。　　영어로 편지를 쓸 수 있습니다.

① 難(むずか)しい漢字(かんじ)も読(よ)む ➜ ________________。
어려운 한자도 읽을 수 있습니다.

② 自転車(じてんしゃ)に乗(の)る ➜ ________________。
자전거를 탈 수 있습니다.

③ ギターを引(ひ)く ➜ ________________。
기타를 칠 수 있습니다.

5단동사의 가능형 (1)

にほん　ひとり　い
日本へ 一人で 行けるでしょう。

일본에　혼자서　갈 수 있겠죠?

5단동사의 가능형은 어미 う단을 え단으로 바꾸어 동사형 접미어 る를 접속하여 표현합니다.

● 5단동사의 가능형

일본어에는「할 수 있다」의 가능표현은 두 가지로 앞서 ことが できる의 형태와 동사를 가능형으로 만들어 표현하는 경우가 있습니다. 5단동사의 가능형은 어미 う단을 え단으로 바꾸고 동사형 어미 る를 접속하여 하1단동사를 만들면 가능동사가 됩니다.

기본형	의 미	가능형	의 미
行く	가다	**行ける**	갈 수 있다
泳ぐ	헤엄치다	**泳げる**	헤엄칠 수 있다
待つ	기다리다	**待てる**	기다릴 수 있다
乗る	타다	**乗れる**	탈 수 있다
買う	사다	**買える**	살 수 있다

あなたは アメリカへ 一人(ひとり)で 行(い)けますか。
당신은 미국에 혼자서 갈 수 있습니까?

お金(かね)が なくて こんな 高(たか)い 物(もの)は 買(か)えません。
돈이 없어서 이런 비싼 물건은 살 수 없습니다.

この かばんは あまりにも 重(おも)くて 一人(ひとり)では 持(も)てません。
이 가방은 너무나도 무거워서 혼자서는 들 수 없습니다.

Word

アメリカ 미국　お金(かね) 돈　こんな 이런　物(もの) 물건, 것　重(おも)い 무겁다

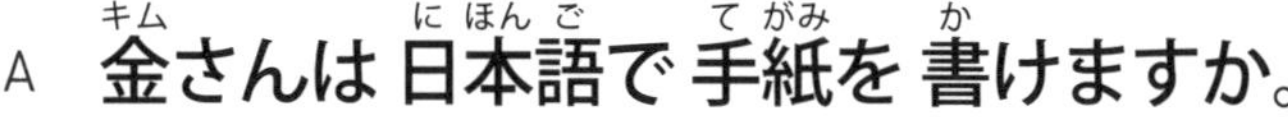

A 金(キム)さんは 日本語(にほんご)で 手紙(てがみ)を 書(か)けますか。

B いいえ、まだ 習(なら)ったばかりで、手紙(てがみ)は 書(か)けません。

A でも、日本(にほん)へ 一人(ひとり)で 行(い)けるでしょう。

B いいえ、一人(ひとり)では 行(い)けません。

手紙(てがみ)
편지

習(なら)う
배우다, 익히다

A 김씨는 일본어로 편지를 쓸 수 있습니까?

B 아니오. 아직 배운지 얼마 안 되어서 편지는 못 씁니다.

A 하지만, 일본에 혼자 갈 수 있겠죠?

B 아니오. 혼자서는 못 갑니다.

Pattern Drill

보기처럼 주어진 말을 우리말 뜻에 맞게 문장을 바꿔보세요.

보기

漢字(かんじ)を書(か)く　한자를 쓰다

→ 漢字が書けますか。　한자를 쓸 수 있습니까?

① ピアノを引(ひ)く → ＿＿＿＿＿＿＿＿。
피아노를 칠 수 있습니까?

② 一人(ひとり)で行(い)く → ＿＿＿＿＿＿＿＿。
혼자서 갈 수 있습니까?

③ ドルで買(か)う → ＿＿＿＿＿＿＿＿。
달러로 살 수 있습니까?

5단동사의 가능형 (2)

ビールは 少し 飲めます。

(すこ: 少, の: 飲)

맥주는 조금 마실 수 있습니다.

5단동사의 가능형은 어미 う단을 え단으로 바꾸어 동사형 접미어 る를 접속하여 표현합니다.

● 5단동사의 가능형

5단동사의 어미가 む, ぶ, ぬ, す인 경우 가능형을 만들 때는 め, べ, ね, せ로 바꾸고 동사형 어미 る를 접속하여 하1단동사를 만들면 가능동사가 됩니다. 일반적으로 가능형의 경우 그 행동의 대상이 되는 것에는 조사 が를 씁니다.

기본형	의 미	가능형	의 미
飲む	마시다	**飲める**	마실 수 있다
飛ぶ	날다	**飛べる**	날 수 있다
死ぬ	죽다	**死ねる**	죽을 수 있다
話す	말하다	**話せる**	말할 수 있다

あの 鳥(とり)は 病気(びょうき)で 飛(と)べない。
저 새는 아파서 날 수 없다.

あなたは 強(つよ)い ウイスキーも 飲(の)めますか。
당신은 독한 위스키도 마실 수 있습니까?

あなたは 日本語(にほんご)が 話(はな)せますか。
당신은 일본어를 할 줄 압니까?

Word

鳥(とり) 새　病気(びょうき) 병　強(つよ)い 강하다, 세다　ウイスキー 위스키

생생 토크

A 吉村(よしむら)さんは お酒(さけ)が 飲(の)めますか。

B 強(つよ)い 酒(さけ)は 飲(の)めませんが、

ビールは 少(すこ)し 飲(の)めます。

A 吉村(よしむら)さんは 愛(あい)する 人(ひと)のために 死(し)ねますか。

B いいえ、それは できませんね。

ビール 맥주

愛(あい)する 사랑하다

人(ひと) 사람

死(し)ぬ 죽다

A 요시무라 씨는 술을 마실 줄 아세요?

B 독한 술은 못 마시지만,

맥주는 조금 마실 수 있습니다.

A 요시무라 씨는 사랑하는 사람을 위해서 죽을 수 있습니까?

B 아니오, 그건 할 수 없겠군요.

Pattern Drill

✱ 보기처럼 주어진 말을 우리말 뜻에 맞게 문장을 바꿔보세요.

보기

日本語(にほんご)の新聞(しんぶん)を読(よ)む 일본어 신문을 읽다

➜ 日本語の新聞を読めますか。 일본어 신문을 읽을 줄 압니까?

① お酒(さけ)を飲(の)む ➜ ____________________ 。
술을 마실 줄 압니까?

② 空(そら)を飛(と)ぶ ➜ ____________________ 。
하늘을 날 수 있습니까?

③ 日本語(にほんご)を話(はな)す ➜ ____________________ 。
일본어를 말할 줄 압니까?

1단동사와 변격동사의 가능형

今(いま)は 何(なん)でも 食(た)べられます。

지금은 뭐든지 먹을 수 있습니다.

상1단·하1단동사의 가능형은 동사형 어미 る를 られる로 바꾸면 됩니다.

● 상1단·하1단동사의 가능형

상1단 · 하1단동사의 경우는 어미 る를 떼어내고 られる를 접속하면 「~할 수 있다」는 뜻이 됩니다.

기본형	의 미	가능형	의 미
見る	보다	**見られる**	볼 수 있다
寝る	자다	**寝られる**	잘 수 있다

あしたの 朝早(あさはや)く 起(お)きられますか。 내일 아침 일찍 일어날 수 있습니까?

あなたは 眼鏡(めがね)を かけないで よく 見(み)られますか。
당신은 안경을 쓰지 않고 잘 볼 수 있습니까?

● 변격동사의 가능형

변격동사 くる의 가능형은 こられる이며, する는 できる라는 가능동사가 있습니다.

기본형	의 미	가능형	의 미
来る	오다	**来られる**	올 수 있다
する	하다	**できる**	할 수 있다

吉村(よしむら)さんは 朝早(あさはや)く 来(こ)られますか。 요시무라 씨는 아침 일찍 올 수 있습니까?

一人(ひとり)で 十分(じゅうぶん)に できます。 혼자서 충분히 할 수 있습니다.

Word

朝早(あさはや)く 아침 일찍　起(お)きる 일어나다　眼鏡(めがね) 안경　十分(じゅうぶん)に 충분히

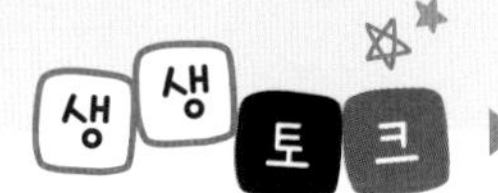

A 金田(かねだ)さんは 辛(から)い キムチも 食(た)べられますか。

B 最初(さいしょ)は 食(た)べられませんでしたが、

今(いま)は 何(なん)でも 食(た)べられます。

A キムチを 作(つく)れますか。

B いいえ、作(つく)る ことは できません。

辛(から)い
맵다

キムチ
김치

食(た)べる
먹다

最初(さいしょ)
처음, 최초

作(つく)る
만들다

A 가네다 씨는 매운 김치도 먹을 수 있습니까?

B 처음에는 못 먹었는데,

지금은 뭐든지 먹을 수 있습니다.

A 김치를 만들 수 있습니까?

B 아니오. 만드는 건 못합니다.

Pattern Drill

보기처럼 주어진 말을 우리말 뜻에 맞게 문장을 바꿔보세요.

보기

朝早(あさはや)く起(お)きる　아침 일찍 일어나다

→ 朝早く起きられますか。　아침 일찍 일어날 수 있습니까?

① 英語(えいご)で電話(でんわ)をかける → ____________________。
영어로 전화를 걸 수 있습니까?

② ここでは海(うみ)を見(み)る → ____________________。
여기서는 바다를 볼 수 있습니까?

③ 車(くるま)を運転(うんてん)する → ____________________。
차를 운전할 수 있습니까?

05 가능상태의 변화표현

日本語(にほんご)が できるように なりました。

일본어를 할 수 있게 되었습니다.

가능한 상태로 변화를 나타낼 때는 동사의 가능형에 ようになる를 접속하여 표현합니다.

● ~ようになる ~하게 되다

ように는 어떤 동작을「~하도록」이라는 뜻으로 동작의 목적이나 목표, 또는 기원, 바람을 나타내는 말이지만, ~ように なる의 형태로 동사의 가능형에 접속하면 우리말의「~할 수 있게 되다」로 불가능한 상태에서 가능한 상태로의 변화를 나타냅니다.

よく わかるように 説明(せつめい)して ください。

잘 알 수 있도록 설명해 주세요.

やっと 日本語(にほんご)の 会話(かいわ)が できるように なりました。

겨우 일본어 회화를 할 수 있게 되었습니다.

● ~より 仕方が ない ~할 수밖에 없다

より는 비교를 나타낼 때 쓰이는 말이지만, 뒤에 부정어를 수반하면「~뿐이고 그 이외는 없다」라는 뜻이 되어, 그것 이외의 것은 전부 부정하는 뜻으로 쓰인다. 또 しかたが ない는「어쩔 수가 없다」는 뜻으로 しようが ない라고도 합니다.

駅(えき)まで 歩(ある)いて 行(い)くより 仕方(しかた)が ない。

역까지 걸어서 갈 수밖에 없다.

もう 済(す)んだので 止(や)めるより 仕方(しかた)が ありません。

이미 끝났기 때문에 그만둘 수밖에 없습니다.

Word

分(わ)かる 알다, 알 수 있다　説明(せつめい)する 설명하다　会話(かいわ) 회화　歩(ある)く 걷다
済(す)む 끝나다　止(や)める 그만두다　仕方(しかた)が ない 방법이 없다, 어쩔 수 없다

A どうしたら日本語(にほんご)ができるようになるでしょうか。

B 理屈(りくつ)は考(かんが)えないで覚(おぼ)えるより仕方(しかた)がないですね。

A でも、わたしは本当(ほんとう)に覚(おぼ)えるのが苦手(にがて)ですよ。

B 頑張(がんば)るより仕方(しかた)がありません。

A 어떻게 하면 일본어를 할 수 있게 될까요?

B 이치는 생각하지 말고 외우는 것 말고 방법이 없네요.

A 하지만, 저는 정말로 암기가 약한데요.

B 노력하는 것 말고 달리 방법이 없습니다.

理屈(りくつ) 이치, 사리
考(かんが)える 생각하다
覚(おぼ)える 외우다, 암기하다
苦手(にがて)だ 서투르다, 잘하지 못하다
頑張(がんば)る 힘내다, 분발하다

Pattern Drill

✱ 보기처럼 주어진 말을 우리말 뜻에 맞게 문장을 바꿔보세요.

보기

日本語(にほんご)ができる　일본어를 할 수 있다
➜ 日本語ができるようになりました。　일본어를 할 수 있게 되었습니다.

① アメリカへ行(い)ける ➜ ______________________。
미국에 갈 수 있게 되었습니다.

② 魚(さかな)も食(た)べられる ➜ ______________________。
생선도 먹을 수 있게 되었습니다.

③ 朝早(あさはや)く起(お)きられる ➜ ______________________。
아침 일찍 일어날 수 있게 되었습니다.

06 의지·무의지 결정의 표현

旅行(りょこう)で 会社(かいしゃ)を 休(やす)む ことに しました。

여행으로 회사를 쉬기로 했습니다.

말하는 사람의 무의지에 대한 결정은 ことに なる, 의지에 대한 결정은 ことに する로 표현합니다.

● ~ことに なる ~하게 되다

ことに なる는 동사의 기본형에 접속하여 우리말의 「~하게 되다」라는 뜻으로 자기 자신의 의지가 아닌 외부에 의한 결정을 나타냅니다. 또한, ことに なっている는 「~하기로 되어 있다」의 뜻으로 규칙이나 사회 습관, 예정 등을 나타낼 때 쓰입니다.

今度(こんど) 大阪(おおさか)に 転勤(てんきん)する ことに なりました。
이번에 오사카로 전근하게 되었습니다.

病気(びょうき)で 会社(かいしゃ)を 辞(や)める ことに なりました。
아파서 회사를 그만두게 되었습니다.

● ~ことに する ~하기로 하다

ことに する는 「~하기로 하다」의 뜻으로 동사의 기본형에 접속하여 말하는 사람의 의지에 의한 결정을 나타냅니다. 또한 ことに している의 형태는 「~하기로 하고 있다」나 「~하도록 하고 있다」의 뜻으로 개인의 습관이나 주장을 나타낼 때 쓰는데, 우리말에 직접 대응하지 않는 경우가 많습니다.

あしたの 朝(あさ)から 早(はや)く 起(お)きる ことに しました。
내일 아침부터 일찍 일어나기로 했습니다.

今度(こんど)の 夏休(なつやす)みには 海外旅行(かいがいりょこう)に 行(い)く ことに しました。
이번 여름방학 때는 해외여행을 가기로 했습니다.

Word

転勤(てんきん)する 전근하다　会社(かいしゃ) 회사　辞(や)める 그만두다, 사직하다
夏休(なつやす)み 여름휴가(방학)　海外旅行(かいがいりょこう) 해외여행

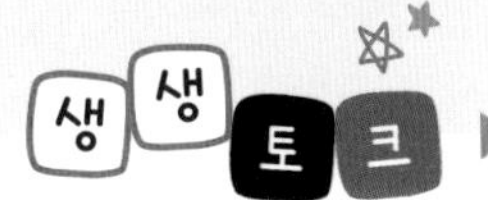

A 今日(きょう)、山本(やまもと)さんは お休(やす)みですか。

B はい、交通事故(こうつうじこ)で 会社(かいしゃ)を 休(やす)む ことに なりました。

A そうですか。

中村(なかむら)さんも お休(やす)みですか。

B はい、旅行(りょこう)で 五日間(いつかかん) 会社(かいしゃ)を 休(やす)む ことに しました。

お休(やす)み
쉼, 휴일

交通事故
(こうつうじこ)
교통사고

旅行(りょこう)
여행

A 오늘 야마모토 씨는 쉬십니까?

B 네, 교통사고로 회사를 쉬게 되었습니다.

A 그렇습니까?

나카무라 씨도 쉬십니까?

B 네, 여행으로 5일간 회사를 쉬기로 했습니다

Pattern Drill

보기처럼 주어진 말을 우리말 뜻에 맞게 문장을 바꿔보세요.

보기

明日(あした)は休(やす)む 내일은 쉰다

➜ 明日は休むことにしました。 내일은 쉬기로 했습니다.

① 夏休(なつやす)みに海外旅行(かいがいりょこう)をする ➜ ________________。

여름휴가 때 해외여행을 하기로 했습니다.

② 今日(きょう)は病院(びょういん)へ行(い)く ➜ ________________。

오늘은 병원에 가기로 되었습니다.

③ 今日(きょう)は早(はや)く帰(かえ)る ➜ ________________。

오늘은 일찍 돌아가기로 했습니다.

よろしく

일본인에게 소개받아 「알게 되어서 기쁘게 생각합니다」라든가, 「처음 뵙겠습니다」 따위의 인사를 일본어로 말하고 싶을 때는 **どうぞ、よろしく**(잘 부탁합니다)라고 하면 됩니다.

よろしく라는 말은 일본인의 대화에서 자주 쓰입니다만, 위의 예와 같은 사용법 이외에 여러 가지 상황 속에서 쓰입니다. 예를 들면 당신이 비즈니스로 일본인을 만난다고 합시다. 당신이 그 사람을 만나는 것이 처음이라고 하면 **どうぞ、よろしく**라는 것이 올바른 사용법입니다. 이것은 상대에게 좋은 결과를 기대하면서 앞으로의 일을 잘 부탁한다는 의미가 있기 때문입니다. 또, 비즈니스에서 협상을 마치고 테이블을 떠날 때 **よろしく**는 당신의 최선의 판단이나 재량에 맡기겠다는 의미가 됩니다.

또한 만나지 못하는 사람에게 안부를 전할 때도 **よろしく、○○さん**이라고 하면 됩니다.

さ!와 さあ?

일본어의 **さ**의 사용법은 다음 세 가지가 있습니다.

먼저 첫째로 사람을 재촉할 때나 동작에 옮길 때에 씁니다. 예를 들면 **さ**(가자)입니다.

두 번째는 기쁨이나 놀람을 나타낼 때에 목소리를 냅니다. 예를 들면 **さーあ**(됐다)입니다.

세 번째는 대답을 늦추거나 주저하거나 할 때에 씁니다. 이 경우는 **さーあ**(어떡하지?)처럼 길게 늘어 뺍니다. 예를 들면 다음과 같습니다. 아이들이 어디에 있는지 남편이 묻는데, 아내가 **さーあ**하고 말하면 남편은 아내에게 그 이상을 물을 필요도 없이 그녀는 모른다고 대답하고 있는 것이라고 미루어 생각합니다. 사이에 포즈를 둔 **さーあ**는 대개의 경우는 「모른다」라든가 「안되겠지」라든가 「자신이 없다」 따위처럼 뒤에 부정적인 표현이 뒤따릅니다. 이처럼 일본에서는 자신의 질문에 대한 상대로부터의 대답이 **さーあ**로 시작하면 대개의 경우 바람직하지 않는 대답을 예상할 수 있습니다.

조건표현 たら형 익히기

조건을 나타낼 때 쓰이는 접속조사 たら가 형용사에 접속할 때는 かったら의 형태를 취하며, 단정이나 형용동사의 경우는 だったら의 형태를 취합니다. 또 たら가 동사에 접속할 때는 과거나 완료를 나타내는 た가 접속될 때와 동일하며 5단동사에서는 음편이 있습니다.

단정·형용동사의 조건형

嫌(きら)いだったら 行(い)かなくて いいよ。

싫다면 안 가도 돼.

명사 또는 형용동사의 가정·조건을 나타낼 때는 だったら로 표현합니다.

● 명사~だったら ~이(었다)면

たら는 과거·완료를 나타내는 た의 가정·조건형입니다. 명사에 접속된 ~だったら는 단정을 나타내는 だ에 たら가 이어진 형태로 「~이면, ~이라면」의 뜻을 나타냅니다.

품 사	기본형	과거형	조건형
명 사	学生だ	学生だった	学生だったら
	先生だ	先生だった	先生だったら

野球(やきゅう)だったら わたしも 好(す)きです。
야구라면 나도 좋아합니다.

● 형용동사~だったら ~한(했)다면

たら는 과거·완료를 나타내는 た의 가정·조건형입니다. 형용동사의 경우도 단정의 だ와 마찬가지로 어미 だ가 だったら로 변하며 「~한다면」의 뜻을 나타냅니다.

품 사	기본형	과거형	조건형
형용동사	静かだ	静かだった	静かだったら
	必要だ	必要だった	必要だったら

もう 少(すこ)し 静(しず)かだったら いいですね。 좀 더 조용했으면 좋겠군요.

そんなに 有名(ゆうめい)だったら 一度(いちど) 会(あ)って みたいですね。
그렇게 유명하다면 한번 만나보고 싶군요.

Word

野球(やきゅう) 야구　有名(ゆうめい)だ 유명하다

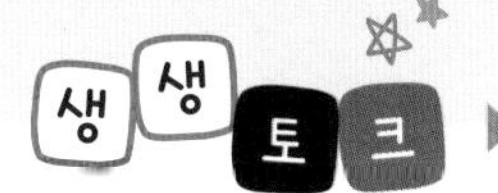

A 吉村君(よしむらくん)、映画(えいが)に 行(い)かない?

B 何(なん)の 映画(えいが)?

アメリカの 映画(えいが)だったら ぜひ 行(い)きたいね。

A 日本(にほん)の 映画(えいが)だけど、嫌(きら)いだったら 行(い)かなくて いいよ。

B いやいや、行(い)きましょう。

映画(えいが) 영화
ぜひ 꼭, 반드시
嫌(きら)いだ 싫다
いや 아니

A 요시무라, 영화 보러 안 갈래?
B 무슨 영화?
미국영화라면 꼭 가고 싶은데.
A 일본영화인데, 싫다면 안 가도 돼.
B 아냐. 가자.

Pattern Drill

✱ 보기처럼 주어진 말을 우리말 뜻에 맞게 문장을 완성해보세요.

보기
必要(ひつよう)だ / 持(も)っていってもいい　필요하다 / 가져가도 된다
→ 必要だったら持っていってもいいです。　필요하다면 가져가도 됩니다.

① 学生(がくせい)だ / 遊(あそ)んではいけない → ______________。
학생이라면 놀아서는 안 됩니다.

② 静(しず)かだ / 家賃(やちん)が高(たか)くてもいい → ______________。
조용하다면 집세가 비싸도 괜찮습니다.

③ 面白(おもしろ)いドラマだ / 見(み)たい → ______________。
재미있는 드라마라면 보고 싶습니다.

02 형용사의 조건형

都合(つごう)**が よかったら 一緒**(いっしょ)**に 行**(い)**きませんか。**

都合が	よかったら	一緒に	行きませんか。
형편이	괜찮으시면	같이	가지 않을래요?

형용사의 조건형은 어미 い를 かっ으로 바꾸고 접속조사 たら를 이어주면 됩니다.

● 형용사~かったら ~한(했)다면

~かったら는 형용사에 たら가 접속된 형태로 형용사의 과거형인 ~かった에 ら가 접속되었다고 생각하면 됩니다.

기본형	과거형	조건형	의 미
早い	早かった	早かったら	빠르다면
遅い	遅かった	遅かったら	늦는다면
暑い	暑かった	暑かったら	덥다면

~たら는 과거 · 완료를 나타내는 た의 가정, 조건형으로 「만일 ~한다면」과 같이 말하는 사람의 주관적인 가정이 강합니다. 그러므로 뒤에는 권유나 허가, 명령, 의지 등 말하는 사람의 뜻을 나타내는 말이 주로 옵니다. 또한 たら는 앞 문장에서 동작의 완료를 조건으로 할 때도 쓰입니다.

よかったら 一緒(いっしょ)**に 行**(い)**きませんか。**
괜찮다면 함께 가지 않겠습니까?

部屋(へや)**が 暑**(あつ)**かったら 窓**(まど)**を 開**(あ)**けてください。**
방이 더우면 창문을 여세요.

都合(つごう)**が 悪**(わる)**くなかったら 早**(はや)**く 来**(き)**てください。**
사정이 나쁘지 않다면 일찍 오세요.

Word

窓(まど) 창(문)　閉(し)める 닫다　開(あ)ける 열다

생생 토크

A 都合(つごう)が よかったら 一緒(いっしょ)に 旅行(りょこう)に 行(い)きませんか。

B どこですか。

箱根(はこね)だったら ぜひ 行(い)きたいですね。

A 京都(きょうと)に 行(い)く つもりでしたが、もし 遠(とお)かったら

箱根(はこね)に しましょうか。

B はい。箱根(はこね)の 方(ほう)が 近(ちか)くて いいと 思(おも)いますよ。

A 형편이 괜찮으시면, 같이 여행을 가지 않을래요?

B 어디로요? 하코네라면 꼭 가고 싶은데요.

A 교토에 갈 생각이었는데, 혹시 멀다면 하코네로 할까요?

B 네. 하코네가 가깝고 좋을 것 같아요.

都合(つごう) 사정, 형편

良(よ)い 좋다

遠(とお)い 멀다

近(ちか)い 가깝다

Pattern Drill

✱ 보기처럼 주어진 말을 우리말 뜻에 맞게 문장을 완성해보세요.

보기

寒(さむ)い / ヒーターをつけてもいい　　춥다 / 히터를 켜도 된다

➜ 寒かったらヒーターをつけてもいいです。　　추우면 히터를 켜도 됩니다.

① 遠(とお)い / 車(くるま)で来(き)てもいい ➜ ________________。
멀면 차로 와도 됩니다.

② 都合(つごう)が悪(わる)い / 来(こ)なくていい ➜ ________________。
사정이 안 좋으면 오지 않아도 됩니다.

③ 値段(ねだん)が高(たか)い / 買(か)わなくてもいい ➜ ________________。
가격이 비싸면 사지 않아도 됩니다.

5단동사의 조건형 (1)

電車(でんしゃ)に 乗(の)ったら 間(ま)に合(あ)いますから。

전철을 타면 시간에 맞으니까요.

동사의 조건형은 たら로 나타내며 말하는 사람의 주관적인 가정이 강합니다.

● 5단동사 ~たら ~한(했)다면

~たら는 과거 · 완료를 나타내는 た의 가정, 조건형으로 「만일 ~한다면」과 같이 말하는 사람의 주관적인 가정이 강합니다. 따라서 뒤에는 권유나 허가, 명령, 의지 등 말하는 사람의 뜻을 나타내는 말이 주로 옵니다. 5단동사 중에 어미가 く · ぐ인 경우는 イ음편으로 ~いた(だ)ら의 형태가 되며, 어미가 つ · る · う인 경우는 촉음편으로 ~ったら의 형태를 취합니다.

기본형	て형	과거형	조건형
書く	書いて	書いた	書いたら
急ぐ	急いで	急いだ	急いだら
待つ	待って	待った	待ったら
乗る	乗って	乗った	乗ったら
言う	言って	言った	言ったら

時間(じかん)が あったら 手伝(てつだ)ってください。
시간이 있으면 거들어 주세요.

この バスに 乗(の)ったら あそこまで 行(い)けるでしょう。
이 버스를 타면 거기까지 갈 수 있을 겁니다.

もし 木村(きむら)さんに 会(あ)ったら 伝(つた)えてください。
혹시 기무라 씨를 만나면 전해 주세요.

Word

時間(じかん) 시간　手伝(てつだ)う 거들다, 돕다　伝(つた)える 전하다

생생 토크

A この頃(ごろ)、ずいぶん日(ひ)が短(みじか)くなりましたね。

B そうですね。

午後(ごご)六時(ろくじ)になったら暗(くら)くなりますよ。

A 時間(じかん)がないですね。急(いそ)ぎましょう。

B 大丈夫(だいじょうぶ)です。電車(でんしゃ)に乗(の)ったら間(ま)に合(あ)いますから。

ずいぶん
몹시, 상당히

暗(くら)い
어둡다

急(いそ)ぐ
서두르다

間(ま)に合(あ)う
(시간에) 대다

A 요즘 꽤 해가 짧아졌네요.

B 그러네요.

오후 6시가 되면 어두워져요.

A 시간이 없어요. 서두릅시다.

B 괜찮습니다. 전철 타면 늦지 않을 테니까요.

Pattern Drill

✱ 보기처럼 주어진 말을 우리말 뜻에 맞게 문장을 완성해보세요.

보기

時間(じかん)がある / 手伝(てつだ)ってください　시간이 있다 / 거들어 주세요

➜ 時間があったら手伝ってください。　시간이 있으면 거들어 주세요.

① 全部(ぜんぶ)書(か)く / 出(だ)してください ➜ ______________________。
전부 쓰면 제출하세요.

② タクシーに乗(の)る / 間(ま)に合(あ)うでしょう ➜ ______________________。
택시를 타면 늦지 않을 거예요.

③ そう言(い)う / きっと来(く)るでしょう ➜ ______________________。
그렇게 말하면 꼭 올 거예요.

5단동사의 조건형 (2)

あと一(いち)ページ 読(よ)んだら 帰(かえ)ります。

앞으로 1페이지 읽으면 가려고요.

조건형 たら 뒤에는 권유나 허가, 명령, 의지, 추측 등 말하는 사람의 뜻을 나타내는 말이 옵니다.

● 5단동사 ~たら ~한(했)다면

5단동사 중에 어미가 む・ぶ・ぬ인 경우는 하네루 음편으로 ~んだら의 형태가 되며, す인 경우는 음편이 없습니다. 마찬가지로 行く(가다)의 경우는 イ음편을 하지 않고 촉음편을 합니다.

기본형	て형	과거형	조건형
飲む	飲んで	飲んだ	飲んだら
呼ぶ	呼んで	呼んだ	呼んだら
死ぬ	死んで	死んだ	死んだら
話す	話して	話した	話したら
*行く	行って	行った	行ったら

この 薬(くすり)を 飲(の)んだら、すぐ 治(なお)るでしょう。
이 약을 먹으면 금방 나을 겁니다.

名前(なまえ)を 呼(よ)んだら 「はい」 と 答(こた)えます。
이름을 부르면 「네」 하고 대답합니다.

もし あなたが 死(し)んだら わたしも 死(し)にます。
만약 당신이 죽으면 나도 죽겠습니다.

その 問題(もんだい)は 木村(きむら)さんに 話(はな)したら 聞(き)いてくれるでしょう。
그 문제는 기무라 씨에게 이야기하면 들어 줄 겁니다.

Word

薬(くすり) 약　治(なお)る (병이) 낫다　名前(なまえ) 이름　答(こた)える 대답하다
問題(もんだい) 문제

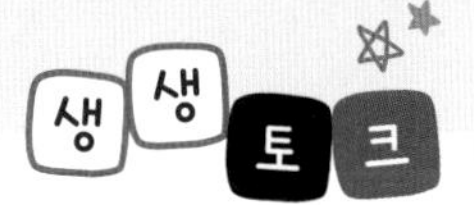

A 木村(きむら)さん、まだ帰(かえ)りませんか。

B はい、あと一(いち)ページ読(よ)んだら帰(かえ)ります。

A 終(お)わったら一緒(いっしょ)に帰(かえ)りましょう。

B ありがとう ございます。

ページ
페이지, 쪽

終(お)わる
끝나다

一緒(いっしょ)に
함께

A 기무라 씨, 아직 집에 안 가세요?

B 네, 앞으로 1페이지 읽으면 가려고요.

A 끝나면 같이 가요.

B 감사합니다.

Pattern Drill

✱ 보기처럼 주어진 말을 우리말 뜻에 맞게 문장을 완성해보세요.

보기

この薬(くすり)を飲(の)む / きっと治(なお)るでしょう　　이 약을 먹다 / 꼭 나을 거예요

➜ この薬を飲んだらきっと治るでしょう。　　이 약을 먹으면 꼭 나을 거예요.

① 雨(あめ)が止(や)む / 行(い)きます ➜ ______________________。
비가 그치면 갈게요.

② 彼女(かのじょ)に話(はな)す / 分(わ)かるでしょう ➜ ______________________。
그녀에게 말하면 알 거예요.

③ 彼(かれ)に頼(たの)む / 聞(き)いてくれるでしょう ➜ ______________________。
그에게 부탁하면 들어 줄 거예요.

05 1단동사와 변격동사의 조건형

たくさん 食(た)べたら、太(ふと)りました。

많이 먹었더니 살쪘습니다.

たら는 반대되는 일이 일어났을 때, 또는 예상하지 못했던 사항이 이미 일어났을 때도 씁니다.

● 상1단·하1단 ~たら ~한(했)다면

~たら가 상1단·하1단동사, 변격동사에 접속할 때도 마찬가지로 과거형과 동일합니다. 또한, ~たら는 앞에서 언급한 용법 이외에 어떤 행동을 했더니 그와 반대되는 일이 일어났을 때, 또는 예상하지 못했던 사항이 이미 일어났을 때도 씁니다. 이 때는 「~했더니」의 뜻이 됩니다.

기본형	て 형	과거형	조건형
見る	見て	見た	見たら
寝る	寝て	寝た	寝たら

ご飯(はん)を たくさん 食(た)べたら、体(からだ)が 太(ふと)りました。
밥을 많이 먹었더니 살이 쪘습니다.

窓(まど)の 外(そと)を 見(み)たら、雪(ゆき)が 降(ふ)っていました。 창밖을 보니 눈이 내리고 있었습니다.

● 변격동사 ~たら ~한(했)다면

변격동사 くる와 する에 たら가 접속할 때는 과거형과 동일합니다.

기본형	て 형	과거형	조건형
来る	きて	きた	きたら
する	して	した	したら

どうしたら 日本語(にほんご)が できるようになるでしょうか。
어떻게 하면 일본어를 할 수 있게 될까요?

Word

体(からだ) 몸　太(ふと)る 쌀찌다　雪(ゆき) 눈

A ご飯(はん)を たくさん 食(た)べたら、体(からだ)が 太(ふと)りました。

B そうですか。

でも ちょうど いいですよ。

A どうしたら 痩(や)せるのでしょうか。

B 運動(うんどう)したら 痩(や)せると 思(おも)いますよ。

A 밥을 많이 먹었더니 살쪘습니다.

B 그렇습니까?

하지만, 딱 좋은데요.

A 어떻게 하면 살을 빠질까요?

B 운동하면 살이 빠질 거예요.

ちょうど
마침, 적당히

痩(や)せる
야위다

運動(うんどう)する
운동하다

Pattern Drill

보기처럼 주어진 말을 우리말 뜻에 맞게 문장을 완성해보세요.

보기

肉(にく)を食(た)べる / 体(からだ)が太(ふと)りました　　고기를 먹다 / 살이 찌다

→ 肉を食べたら体が太りました。　　고기를 먹었더니 살이 쪘습니다

① 宿題(しゅくだい)を終(お)える / 行(い)きます → ______________________ 。
숙제를 마치면 가겠습니다.

② 子供(こども)が寝(ね)る / 行(い)きます → ______________________ 。
아이가 자면 가겠습니다.

③ 運動(うんどう)する / 健康(けんこう)になります → ______________________ 。
운동하면 건강해집니다.

06 권유·제안의 표현

時間(じかん)が あったら いいのに。

시간이 있으면 좋을 텐데.

조건형에 いい나 どうか를 접속하면 권유나 제안을 나타냅니다.

● ~たら いい ~하면(했으면) 좋겠다

조건형에 접속하는 조사 たら 뒤에 형용사 いい(よい)가 이어지면 「~하면(했으면) 좋겠다」라는 뜻으로 상대방에게 뭔가를 권하거나, 제안할 때 쓰이는 표현입니다. 또한 상대에게 무언가를 바랄 때도 쓰이고, のに가 이어지면 아쉬움을 나타냅니다.

うちへ 帰(かえ)って ゆっくり 休(やす)んだら いいですね。

집에 가서 푹 쉬면 좋겠군요.

体(からだ)が もっと 丈夫(じょうぶ)だったら いいのに。

몸이 더 튼튼하면 좋을 텐데.

● ~たら どうか ~하면(했으면) 어떨까

~たら どうか는 상대에게 제안이나 권유를 나타낼 때 쓰이는 표현으로 우리말의 「~하면 어떨까」에 해당합니다.

別(べつ)の 方法(ほうほう)で 実験(じっけん)して みたら どうでしょうか。

다른 방법으로 실험해 보면 어떨까요?

雨(あめ)が 降(ふ)っているから、試合(しあい)は あしたに したら どうでしょうか。

비가 내리고 있으니까 시합은 내일로 미루면 어떨까요?

Word

丈夫(じょうぶ)だ 튼튼하다　別(べつ) 다른　方法(ほうほう) 방법　実験(じっけん)する 실험하다
試合(しあい) 시합

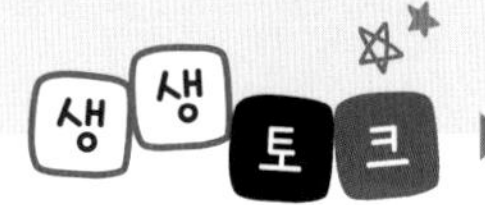

A この間(あいだ)のパーティー、楽(たの)しかったですよ。

B わたしも行(い)ったら よかったのに。

A 明日(あした)もパーティーが あるから、

行(い)ってみたら どうですか。

B 本当(ほんとう)ですか。でも、約束(やくそく)が あります。

時間(じかん)が あったら いいのに。

間(あいだ)
동안, 사이

パーティー
파티

楽(たの)しい
즐겁다

約束(やくそく)
약속

A 요전에 파티, 즐거웠어요.

B 나도 갔으면 좋았을 텐데.

A 내일도 파티 있으니까, 가보면 어때요?

B 정말입니까? 그런데, 약속이 있습니다. 시간이 있으면 좋을 텐데.

Pattern Drill

보기처럼 주어진 말을 우리말 뜻에 맞게 문장을 완성해보세요.

보기

彼(かれ)に言(い)ってみる　　그에게 말해보다

➜ 彼に言ってみたらどうですか。　　그에게 말해 보면 어떨까요?

① この料理(りょうり)を食(た)べる ➜ ______________________。
이 요리를 먹으면 어떨까요?

② 今日(きょう)はゆっくり休(やす)む ➜ ______________________。
오늘은 푹 쉬면 어떨까요?

③ うちへ早(はや)く帰(かえ)る ➜ ______________________。
집에 빨리 가면 어떨까요?

わかりません

일상생활에서 자주 쓰이는 표현에 식별, 판단 내지는 이해할 수 없다는 의미의 **わかりません**(모르겠습니다)이라는 표현이 있습니다. 거의 모든 일본인은 이 표현을 쉽게, 그 본래의 사용법에 신경쓰지 않고 쓰고 있습니다. 예를 들면 「연필을 프랑스어로는 뭐라고 합니까?」라는 질문에 학생은 대개 **わかりません**이라든가 **わからない**(모른다)라고 대답할 것입니다. 마찬가지로 길을 물으면 **わかりません**이라는 대답이 돌아올 것입니다.

물론, 엄밀히 말하면 이것들의 질문에 대한 대답은 **知**(し)**りません**(모르겠습니다), **知**(し)**らない**(모른다), 또는 **忘**(わす)**れました**(잊었습니다), **忘**(わす)**れた**(잊었다)」로 해야 마땅합니다. 이런 의미에서 수학에 대한 어려운 문제를 질문 받았을 때는 **わかりません**이라고 대답하는 것이 적당합니다.

따라서 쌀쌀맞은 **わかりません**은 상대의 질문에 대답하는 것이 귀찮다든가 명쾌한 대답을 하면 불이익을 받을 경우에 상대를 받아넘기는 데에 적당한 표현입니다.

なかなか

일본인과 접촉할 기회가 많은 독자 여러분에게 편리한 말 하나가 **なかなか**입니다. 이 부사는 「꽤, 상당히」, 「무척, 매우」, 내지는 「쉽지 않게」라는 의미로 일상에 쓰입니다. 예를 들면 「그녀는 상당한 미인」이라든가 「음식이 상당히 맛있다」라든가 「그는 스포츠를 상당히 잘한다」라는 표현을 할 때 사용합니다.

なかなか는 일을 그리 간단히 할 수 없다든지 어려울 경우에도 쓰입니다. 예를 들면 「그는 좀처럼 오지 않는다」라든가 「나는 별로 일본어가 숙달되지 않는다」입니다.

또, 코트에서 테니스 연습을 하고 있는 아가씨는 「상당한 미인」이지만 「아직 별로」라고 하면 그녀는 정말로 테니스를 할 수 있게 될 때까지는 상당한 시간이 걸린다는 것을 암시하고 있는 것입니다.

Part 07

가정표현 ば형 익히기

가정의 뜻을 나타내는 접속조사 ば가 형용사에 이어질 때는 ければ의 형태를 취하고, 단정이나 형용동사에 접속할 때는 ならば의 형태를 취합니다. 또한 동사에 가정을 나타내는 접속조사 ば가 이어질 때는 어미 う단이 え단으로 바뀝니다.

01 단정의 가정형

特急なら 二十分で 行けますよ。

특급이라면 20분이면 갈 수 있어요.

단정을 나타내는 だ의 가정형은 ならば로, 주로 접속조사 ば를 생략한 형태로 쓰입니다.

● 명사 ~なら(ば) ~이라면

なら는 본래 ならば의 형태로 단정을 나타내는 だ의 가정형입니다. 보통 가정의 뜻을 나타내는 접속조사 ば를 생략하여 쓰며, なら가 가정조건으로 쓰일 때는 「만일 ~이라면」의 뜻이 됩니다. 또한 격식 차린 문어체에서는 である의 가정형인 であれば를 쓰기도 합니다. 참고로 앞서 배운 だったら와 바꿔 쓰는 것도 가능합니다.

기본형	의 미	가정형	의 미
学生だ	학생이다	**学生なら(ば)**	학생이라면
作家だ	작가이다	**作家なら(ば)**	작가라면
選手だ	선수이다	**選手なら(ば)**	선수라면

日曜日、いい お天気なら ハイキングに 行きましょう。
일요일에 날씨가 좋으면 하이킹을 갑시다.

東京なら こんなに 安い 家賃で 家は 借りられません。
도쿄라면 이렇게 싼 집세로 집은 빌릴 수 없습니다.

大学生なら この 問題は 十分に 解けるでしょう。
대학생이라면 이 문제는 충분히 풀 수 있을 겁니다.

Word

天気(てんき) 날씨　ハイキング 하이킹　家(いえ) 집　借(か)りる 빌리다　大学生(だいがくせい) 대학생　十分(じゅうぶん)に 충분히　解(と)く 풀다

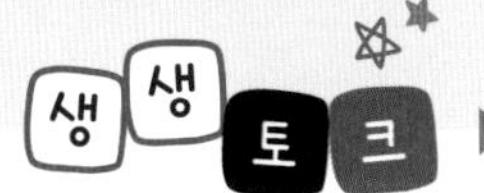

A あの、ちょっと横浜(よこはま)まで行(い)って来(き)たいんですが。

B ああ、そうですか。

横浜(よこはま)なら電車(でんしゃ)で行(い)く方(ほう)が速(はや)いですよ。

A そうですか。何分(なんぷん)ぐらいかかりますか。

B 特急(とっきゅう)なら二十分(にじゅっぷん)で行(い)けますよ。

速(はや)い
(속도가) 빠르다

特急(とっきゅう)
특급

A 저기, 잠깐 요코하마까지 다녀오고 싶은데요.

B 아, 그렇습니까?

요코하마라면 전철로 가는 게 빨라요.

A 그렇습니까? 몇 분 정도 걸립니까?

B 특급이라면 20분이면 갈 수 있어요.

Pattern Drill

✱ 보기처럼 주어진 말을 우리말 뜻에 맞게 문장을 완성해보세요.

보기

ジュースだ / 飲(の)むみたい　　주스다 / 마시고 싶다

➜ ジュースなら飲みたいです。　　주스라면 마시고 싶습니다.

① 学生(がくせい)だ / 会(あ)ってみたい ➜ ______________________ 。
학생이라면 만나고 싶습니다.

② 日本語(にほんご)だ / 少(すこ)しできる ➜ ______________________ 。
일본어라면 조금 할 줄 압니다.

③ ピアノだ / 引(ひ)ける ➜ ______________________ 。
피아노라면 칠 수 있습니다.

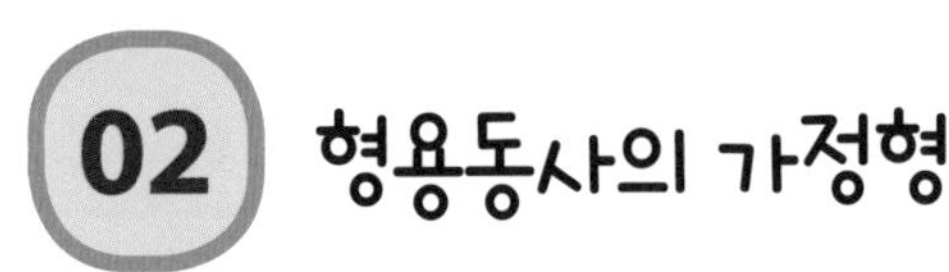

02 형용동사의 가정형

静(しず)かならば 勉強(べんきょう)できるんですが。

조용하다면 공부할 수 있는데요.

형용동사의 가정형은 어간에 なら를 접속하고 ば를 붙여주면 됩니다.

● 형용동사 ~なら(ば) ~하면

형용동사의 가정형도 단정을 나타내는 だ의 가정형과 마찬가지로 어미 だ가 なら로 바뀌어 가정의 뜻을 나타내는 접속조사 ば가 접속한 ならば의 형태를 취합니다. 그러나 보통 ば를 생략하고 なら만으로 쓰이는 경우가 많으며, 우리말의 「만일 ~한다면」의 뜻으로 해석됩니다. 또한 격식 차린 문어체에서는 である의 가정형인 であれば를 쓰기도 합니다. 참고로 앞서 배운 だったら와 바꿔 쓰는 것도 가능합니다.

기본형	의 미	가정형	의 미
静かだ	조용하다	静かなら(ば)	조용하면
有名だ	유명하다	有名なら(ば)	유명하면
必要だ	필요하다	必要なら(ば)	필요하면

そんなに 有名(ゆうめい)なら 一度(いちど) 行(い)ってみたいですね。
그렇게 유명하면 한번 가보고 싶군요.

これが 必要(ひつよう)なら 持(も)って 行(い)っても いいですよ。
이것이 필요하면 가지고 가도 괜찮아요.

まわりが 静(しず)かなら 家賃(やちん)は 少(すこ)し 高(たか)くても いいです。
주위가 조용하면 집세는 조금 비싸도 됩니다.

Word

周(まわ)り 주위　そんなに 그렇게　家賃(やちん) 집세

생생 토크

A この周(まわ)りは いつも こんなに うるさいんですか。

B ええ、もう 少(すこ)し 静(しず)かならば 落(お)ち着(つ)いて 勉強(べんきょう)できるんですが。

A 引(ひ)っ越(こ)しした 方(ほう)が いいんじゃないですか。

B でも、お金(かね)が かかりますから。

こんなに 이렇게
うるさい 시끄럽다
落(お)ち着(つ)く 가라앉다, 차분해지다
引(ひ)っ越(こ)し 이사
かかる (돈이) 들다, (시간이) 걸리다

A 이 주변은 언제나 이렇게 시끄럽습니까?

B 네, 좀 더 조용하다면 차분하게 공부할 수 있는데요.

A 이사하는 게 좋지 않아요?

B 하지만, 돈이 드니까요.

Pattern Drill

보기처럼 주어진 말을 우리말 뜻에 맞게 문장을 완성해보세요.

보기

そんなに有名(ゆうめい)だ / 会(あ)ってみたい　그렇게 유명하다 / 만나고 싶다

→ そんなに有名なら会ってみたいです。　그렇게 유명하다면 만나고 싶습니다.

① 静(しず)かだ / 駅(えき)から遠(とお)くてもいい → ________________。
조용하면 역에서 멀어도 됩니다.

② 交通(こうつう)が便利(べんり)だ / 家賃(やちん)が高(たか)くなる → ________________。
교통이 편하다면 집세가 비싸집니다.

③ 必要(ひつよう)だ / 持(も)っていっていい → ________________。
필요하면 가져가도 됩니다.

天気が よければ 公園に 行きましょう。

날씨가 좋으면 공원에 갑시다.

형용사의 가정형은 어미 い가 けれ로 바꾸어 접속조사 ば를 이어주면 됩니다.

● 형용사 ~ければ ~하면

형용사에 가정을 나타내는 접속조사 ば가 이어질 때는 어미 い가 けれ로 바뀌어 ば가 이어집니다. 단, 「좋다」라는 뜻을 가진 일본어 형용사는 よい와 いい 두 가지 형태가 있는데 가정형으로 쓰일 때는 반드시 よければ라고 해야 하며, いい로 활용하여 いければ라고 하면 안 됩니다.

기본형	의 미	열거형	의 미
早い	빠르다	**早ければ**	빠르면
遅い	늦다	**遅ければ**	늦으면
暑い	덥다	**暑ければ**	더우면

祖母は 天気が 良ければ 毎朝 近所を 散歩する。
할머니는 날씨가 좋으면 매일 아침 근처를 산책한다.

もし 天気が 悪ければ、試合は 中止になるかもしれない。
만약 날씨가 나쁘면 시합은 중지될지도 모른다.

健康が 良くなければ 何にも 出来ない。
건강이 좋지 않으면 아무 것도 할 수 없다.

Word

祖母(そぼ) 할머니 **近所(きんじょ)** 근처 **試合(しあい)** 시합 **中止(ちゅうし)する** 중지하다
健康(けんこう) 건강

생생 토크

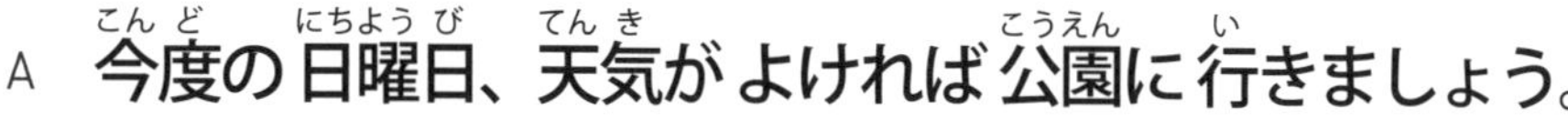

A 今度(こんど)の日曜日(にちようび)、天気(てんき)が よければ 公園(こうえん)に 行(い)きましょう。

B いいですね。

少(すこ)しぐらい 天気(てんき)が 悪(わる)くても 行(い)きましょうよ。

A はい。何時頃(なんじごろ)が いいですか。

B 教会(きょうかい)に 行(い)ってきて、早(はや)ければ 二時頃(にじごろ)ですね。

公園(こうえん) 공원

悪(わる)い 나쁘다, 좋지 않다

教会(きょうかい) 교회

A 이번 일요일에 날씨가 좋으면 공원에 갑시다.

B 좋지요. 날씨가 조금 안 좋아도 갑시다.

A 네, 몇 시쯤이 좋습니까?

B 교회에 다녀와서 빠르면 2시쯤이겠군요.

Pattern Drill

✱ 보기처럼 주어진 말을 우리말 뜻에 맞게 문장을 완성해보세요.

보기

駅(えき)から遠(とお)い / 家賃(やちん)は安(やす)くなる 역에서 멀다 / 집세는 싸진다

➜ 駅から遠ければ家賃は安くなります。 역에서 멀면 집세는 싸집니다.

① お金(かね)がない / 旅行(りょこう)ができない ➜ ______________________。
돈이 없으면 여행을 할 수 없습니다.

② 品物(しなもの)がよい / 値段(ねだん)は高(たか)くなる ➜ ______________________。
물건이 좋으면 가격은 비싸집니다.

③ 都合(つごう)が悪(わる)い / 止(や)めてもいい ➜ ______________________。
사정이 나쁘면 그만두어도 됩니다.

04 5단동사의 가정형 (1)

電車(でんしゃ)に 乗(の)って 行(い)けば すぐですよ。

전철을 타고 가면 금방이에요.

동사의 가정형은 어떤 조건이 오면 뒤에 당연한 결과가 올 때에 흔히 쓰입니다.

● 5단동사 ~ば ~하면

~ば는 앞에 어떤 조건이 오면 뒤에 당연한 결과가 올 때에 흔히 쓰며, 이때의 당연한 결과란 반복적인 일이나 자연 현상 등 일반적인 사실일 때가 많습니다. 따라서 이론적이고 객관적인 느낌이 들며 속담 등에 많이 쓰입니다. 5단동사의 경우 어미가 く・ぐ・つ・る・う인 경우의 가정형은 え단인 け・げ・て・れ・え로 바뀌어 ば가 접속됩니다.

기본형	의 미	가능형	의 미
行く	가다	行けば	가면
急ぐ	서두르다	急げば	서두르면
待つ	기다리다	待てば	기다리면
乗る	타다	乗れば	타면
買う	사다	買えば	사면

年(とし)を 取(と)れば 体(からだ)が 弱(よわ)く なる。

나이를 먹으면 몸이 약해진다.

春(はる)になれば 花(はな)が 咲(さ)きます。

봄이 되면 꽃이 핍니다.

飛行機(ひこうき)に 乗(の)れば 一番(いちばん) 速(はや)いです。

비행기를 타면 가장 빠릅니다.

Word

年(とし)を 取(と)る 나이를 먹다　弱(よわ)い 약하다　春(はる) 봄　花(はな)が 咲(さ)く 꽃이 피다

생생 토크

A あの、千葉(ちば)まで どうやって 行(い)けば 速(はや)いんですか。

B 千葉(ちば)ですか。

ここで 電車(でんしゃ)に 乗(の)って 行(い)けば すぐですよ。

A 切符(きっぷ)は 買(か)わなければ なりませんか。

B パスモが あれば 買(か)わなくても いいですよ。

どうやって
어떻게

すぐ
곧, 금방

買(か)う
사다

パスモ
버스, 전철 등의 교통카드

A 저기, 치바까지 어떻게 가는 게 빠릅니까?

B 치바 말씀이세요? 여기서 전철을 타고 가면 금방입니다.

A 표는 사야 합니까?

B 파스모가 있으면 사지 않아도 됩니다.

Pattern Drill

★ 보기처럼 주어진 말을 우리말 뜻에 맞게 문장을 완성해보세요.

보기

タクシーで行(い)く / すぐだ　　택시로 가다 / 금방이다

→ タクシーで行けばすぐです。　　택시로 가면 금방입니다.

① お金(かね)がある / たくさん買(か)える　→ ________________。
돈이 있으면 많이 살 수 있습니다.

② 急(いそ)ぐ / 間(ま)に合(あ)う　→ ________________。
서두르면 댈 수 있습니다.

③ 彼(かれ)に会(あ)う / 面白(おもしろ)くなる　→ ________________。
그를 만나면 재미있어집니다.

5단동사의 가정형 (2)

ぐっすり 休(やす)めば 疲(つか)れが とれるでしょう。

푹 쉬면 피곤이 풀리겠죠.

ばは 앞의 조건이 있으면 뒤의 사항이 언제든지 일어나는 경우에 씁니다.

● 5단동사 ~ば ~하면

5단동사의 경우 어미가 む・ぶ・ぬ・す인 경우의 가정형은 え단인 め・べ・ね・せ로 바뀌어 ば가 접속됩니다.

기본형	의 미	가정형	의 미
飲む	마시다	飲めば	마시면
飛ぶ	날다	飛べば	날면
死ぬ	죽다	死ねば	죽으면
話す	이야기하다	話せば	이야기하면

酒(さけ)を 飲(の)めば 酔(よ)って しまう。
술을 마시면 취해 버린다.

一(いち)に 二(に)を 足(た)せば 三(さん)になります。
1에 2를 더하면 3이 됩니다.

人(ひと)は 死(し)ねば 何(なに)も わからなくなる。
사람은 죽으면 아무 것도 모르게 된다.

英語(えいご)の 新聞(しんぶん)を 読(よ)めば 意味(いみ)が たいてい 分(わ)かります。
영어 신문을 읽으면 의미를 대개 알 수 있습니다.

Word

酔(よ)う 취하다 **足(た)す** 더하다, 보태다 **新聞(しんぶん)** 신문 **意味(いみ)** 의미, 뜻
大抵(たいてい) 대개

생생 토크

A 最近(さいきん)、なかなか 疲(つか)れが とれないんですが。

B あ、そうですか。

ぐっすり 休(やす)めば 疲(つか)れが とれるでしょう。

A きのうも お酒(さけ)を 飲(の)んで ぐっすり 休(やす)んだのに。

B お酒(さけ)を 飲(の)めば ダメでしょう。

なかなか
좀처럼

ぐっすり
푹

だめだ
안 된다

A 요즘, 좀처럼 피곤이 안 풀리네요.

B 아, 그래요? 푹 쉬면 피곤이 풀리겠죠.

A 어제도 술을 마시고 푹 쉬었는데.

B 술을 마시면 안 되죠.

Pattern Drill

★ 보기처럼 주어진 말을 우리말 뜻에 맞게 문장을 완성해보세요.

보기

薬(くすり)を飲(の)む / 治(なお)るでしょう　약을 먹다 / 나을 거예요

➜ 薬を飲めば治るでしょう。　약을 먹으면 나을 거예요.

① 休(やす)む / 疲(つか)れがとれるでしょう ➜ ______________________ 。
쉬면 피곤일 풀릴 거예요.

② ここで呼(よ)ぶ / 来(く)るでしょう ➜ ______________________ 。
여기서 부르면 올 거예요.

③ 彼(かれ)に話(はな)す / 分(わ)かるでしょう ➜ ______________________ 。
그에게 말하면 알 거예요.

06 1단동사와 변격동사의 가정형

入院(にゅういん)すれば よくなるでしょうか。

입원하면 좋아질까요?

상1단·하1단동사에 가정의 뜻을 나타내는 ば가 접속할 때는 る를 れ로 바꾸어 줍니다.

● 상1단·하1단 ~ば ~하면

상1단·하1단동사의 가정형은 어미 る가 れ로 바뀌어 가정의 조사 ば가 접속합니다.

기본형	의 미	가정형	의 미
見る	보다	**見れば**	보면
寝る	자다	**寝れば**	자면

早(はや)く 起(お)きれば ご飯(はん)を 食(た)べる ことが できます。
일찍 일어나면 밥을 먹을 수가 있습니다.

甘(あま)い ものを 食(た)べれば 太(ふと)ります。
단 것을 먹으면 살찝니다.

● 변격동사 ~ば ~하면

변격동사 くる와 する는 각각 くれば, すれば가 됩니다.

기본형	의 미	가정형	의 미
来る	오다	**くれば**	오면
する	하다	**すれば**	하면

春(はる)が 来(く)れば 花(はな)が 咲(さ)く。 봄이 오면 꽃이 핀다.

手術(しゅじゅつ)を すれば 助(たす)かるでしょう。 수술을 하면 살아날 겁니다.

Word

甘(あま)い 달다　太(ふと)る 살찌다　手術(しゅじゅつ) 수술　助(たす)かる 구조되다, 살아나다

A どのぐらい入院(にゅういん)すればよくなるでしょうか。

B 四週間(よんしゅうかん)ぐらいですね。

A 一ヶ月(いっかげつ)過(す)ぎればもう大丈夫(だいじょうぶ)ですね。

B たぶんそうです。

入院(にゅういん)する
입원하다

過(す)ぎる
지나다

大丈夫(だいじょうぶ)だ
괜찮다

たぶん
아마

A 어느 정도 입원하면 좋아질까요?

B 4주 정도입니다.

A 한 달 지나면 이제 괜찮겠죠?

B 아마 그럴 겁니다.

Pattern Drill

보기처럼 주어진 말을 우리말 뜻에 맞게 문장을 완성해보세요.

보기

本(ほん)を見(み)る / わかる 책을 보다 / 알 수 있다

→ 本を見ればわかるでしょう。 책을 보면 알 수 있을 겁니다.

① ぐっすり寝(ね)る / よくなる → ______________________。
풍 자면 좋아질 겁니다.

② 勉強(べんきょう)する / 成績(せいせき)は上(あ)がる → ______________________。
공부하면 성적이 오를 겁니다.

③ テレビを見(み)る目(め)が悪(わる)くなる → ______________________。
텔레비전을 보면 눈이 나빠집니다.

なるほど

なるほど는 우리말의 「과연, 정말로, 실제로」 또는 「알았습니다」의 뜻으로 사용되는 말입니다. 이처럼 **なるほど**는 상대가 말하고 있는 것이 올바르다고 인정했을 때나 상대가 말하고 있는 것에 찬동할 때에 씁니다.

하지만 **なるほど**라는 표현은 말하는 사람이 듣는 사람과 같은 레벨에 있으므로 상대방이 말하고 있는 것을 이해하고 찬동할 수 있다는 의미가 있습니다. 따라서 상대적으로 나이 어린 사람이나 경험이 적은 사람이 연장자나 경험이 많은 사람에 대해 **なるほど**라고 아는 체하는 것은 다소 무례하다고 느껴지는 경우가 있습니다. 이런 경우에는 **はい**라고 말하는 것이 적당합니다.

또한, **なるほど**는 여러 가지 방면의 회화에 이용됩니다. 비즈니스 교섭에 있어서는 상대방이 말하는 것을 들은 후에 담화에 종지부를 찍고 이쪽에서의 특단의 코멘트를 보류했을 때 **なるほど**(잘 알았습니다. 잘 검토해 보겠습니다)라는 식으로 사용합니다.

だめ

だめ라는 말은 「좋지 않다, 도움이 안 되다, 가망이 없다, 할 수 없다」 등을 의미하고 있으며, 일본인이 일상의 생활에서 자주 씁니다.

だめ는 여러 가지 상황에서 쓸 수가 있습니다. 예를 들면 골프 시합을 권유받고 거절하고 싶을 때는 **だめ**라고 말하는 것만으로 됩니다. 또한 상대에게 의뢰나 요구를 받았을 때도 간단하게 **だめ**라고 말하면 됩니다. **ゴルフはだめ**라고 말할 때는 「골프를 플레이할 수가 없다」라는 의미가 됩니다. 결혼해달라고 청혼을 할 경우에 아가씨가 크게 말하지 않는다는 이유만으로 구혼자가 「나는 **だめ**입니까?」라고 묻는 경우가 있는데, 이런 자신없는 태도로는 분명 **だめ**이겠지요.

이처럼 일본인은 보증을 더욱 확실히 할 때는 **だめを押(お)す**라는 표현을 씁니다.

Part 08

조건 · 당연표현 익히기

일본어에서 가정·조건을 나타내는 접속조사에는 앞에서 배운 たら와 ば이외에 なら와 と가 있습니다. 거의 의미상으로는 비슷하지만, 용법에서는 조금 차이가 있습니다. 여기서 なら와 と의 용법 이외에 의무나 당연, 필연을 나타내는 なければ ならない(いけない)의 용법을 익혀 보도록 합시다.

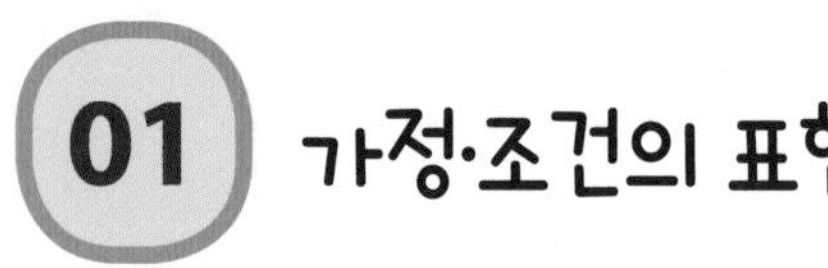

01 가정·조건의 표현 (1)

早(はや)く 治(なお)りたいなら 今(いま) 帰(かえ)りなさいよ。

빨리 낫고 싶으면 지금 (집에) 가세요.

ならは だの 가정형으로 「~라고 한다면」의 뜻을 나타냅니다.

● ~なら ~이라(하)면

ならは 명사, 형용동사뿐만 아니라 동사, 형용사 등에도 접속하면 가정·조건의 뜻을 나타냅니다. 또한 활용어의 부정형, 과거형에도 접속하여 쓰이며, ~のなら의 형태로 の를 삽입하여 쓰이기도 합니다.

一部(いちぶ)を 除(のぞ)くなら、彼(かれ)の 意見(いけん)は 正(ただ)しいと 思(おも)う。
일부를 제외하면, 그의 의견은 올바르다고 생각한다.

もう 少(すこ)し 発見(はっけん)が 早(はや)かったなら 助(たす)かったのに。
좀 더 발견이 빨랐다면 살았을 텐데.

やりたく ない(の)なら、やらなくても いいよ。
하고 싶지 않으면 하지 않아도 돼.

ビールなら 僕(ぼく)も 飲(の)みたいですね。
맥주라면 나도 마시고 싶어요.

気分(きぶん)が 悪(わる)いなら 少(すこ)し 休(やす)んでください。
몸이 안 좋으면 좀 쉬세요.

Word

除(のぞ)く 제외하다, 빼다　意見(いけん) 의견　正(ただ)しい 바르다, 옳다　発見(はっけん) 발견
気分(きぶん) 기분

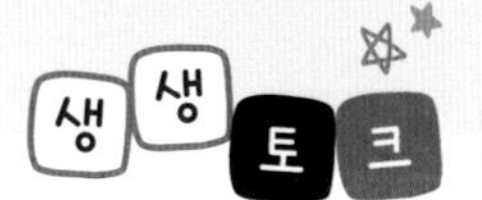

A 頭(あたま)が ずきずき 痛(いた)むんです。

B そんなに 痛(いた)いなら 早(はや)く 帰(かえ)った 方(ほう)が いいですよ。

A でも、まだ やる ことが 山(やま)ほど 残(のこ)っていますよ。

B 早(はや)く 治(なお)りたいなら 今(いま) 帰(かえ)りなさいよ。

頭(あたま)
머리

ずきずき
쑥쑥, 욱신거리는 모양

痛(いた)む
아프다, 상하다

痛(いた)い
아프다

残(のこ)る
남다

A 머리가 욱신욱신 아픕니다.

B 그렇게 아프면 빨리 집에 가는 게 좋아요.

A 하지만, 아직 할 일이 산더미처럼 남아 있어요.

B 빨리 낫고 싶으면 지금 집에 가세요.

Pattern Drill

✱ 보기처럼 주어진 말을 우리말 뜻에 맞게 문장을 완성해보세요.

보기

あなたが行(い)く / 私(わたし)も行(い)く　　당신이 간다 / 나도 간다

➜ あなたが行くなら私も行きます。　　당신이 간다면 나도 가겠습니다.

① 知(し)らせる / 早(はや)いほうがいい ➜ ______________________ 。
알리려면 빠른 편이 좋습니다.

② 気分(きぶん)が悪(わる)い / 休(やす)んでもいい ➜ ______________________ 。
몸이 안 좋으면 쉬어도 됩니다.

③ 食(た)べなかった / 今(いま)食(た)べてもいい ➜ ______________________ 。
먹지 않았다면 지금 먹어도 됩니다.

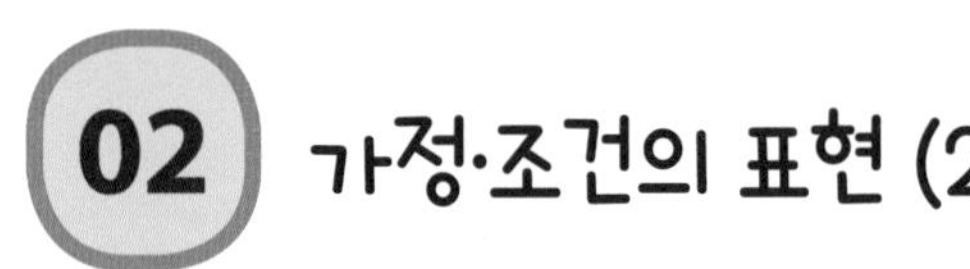

02 가정·조건의 표현 (2)

まっすぐ 行(い)くと、どこに 出(で)ますか。

쭉 가면 어디가 나옵니까?

접속조사 と는 활용어에 접속하여 「~하면, ~하자」의 뜻을 나타냅니다.

• ~と ~하면(하자)

と는 여러 가지 용법으로 쓰이는 조사이지만, と가 활용어에 접속하여 쓰이면 「~하면, ~하자」의 뜻을 나타냅니다. 그 용법을 보면 다음과 같습니다.

① 어떤 조건하에서 다른 사항이 일어나는 경우에 쓰입니다. 이때는 필연적이거나 습관적으로 이루어지는 경우에 많이 쓰입니다.

五月(ごがつ)に なると、桜(さくら)の花(はな)が 咲(さ)きます。
5월이 되면 벚꽃이 핍니다.

今(いま) 出発(しゅっぱつ)しないと、約束(やくそく)の 時間(じかん)に 遅(おく)れます。
지금 출발하지 않으면 약속 시간에 늦습니다.

そんなに 毎日(まいにち) お酒(さけ)を 飲(の)むと 体(からだ)を 壊(こわ)すよ。
그렇게 매일 술을 마시면 몸을 망쳐.

② 앞의 동작이 이루어진 후에 이어서 다른 사항이 일어나는 경우에 씁니다. 이때는 전후 문장의 결합이 강하여 동시성을 지닐 때가 많습니다.

電車(でんしゃ)が 止(と)まると、人々(ひとびと)が 降(お)り始(はじ)めた。
전철이 멈추자 사람들이 내리기 시작했다.

Word

桜(さくら) 벚(꽃)나무　止(と)まる 멈추다　降(お)りる 내리다　出発(しゅっぱつ)する 출발하다
壊(こわ)す 망치다

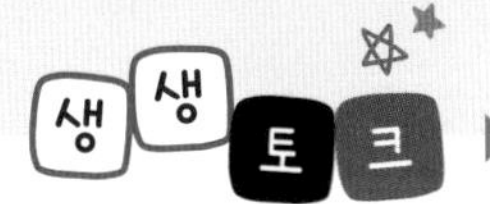

A 今(いま) 行(い)かないと、時間(じかん)に 遅(おく)れますよ。

B はい、早(はや)く 出発(しゅっぱつ)してください。

A この 道(みち)を まっすぐ 行(い)くと、どこに 出(で)ますか。

B 国道一号線(こくどういちごうせん)に 出(で)ます。

出発(しゅっぱつ)する
출발하다

道(みち)
길

まっすぐ
곧장, 바로

国道(こくどう)
국도

A 지금 안 가면, 시간이 늦어요.

B 네. 빨리 출발하세요.

A 이 길을 쭉 가면 어디가 나옵니까?

B 국도1호선이 나옵니다.

Pattern Drill

보기처럼 주어진 말을 우리말 뜻에 맞게 문장을 완성해보세요.

보기

春(はる)になる / 暖(あたた)かくなる　　봄이 되다 / 따뜻해지다

➜ 春になると暖かくなります。　　봄이 되면 따뜻해집니다.

① 二(に)に三(さん)を出(だ)す / 五(ご)になる ➜ ______________________。
2에 3을 더하면 5가 됩니다.

② タバコを吸(す)う / 健康(けんこう)に良(よ)くない ➜ ______________________。
담배를 피우면 건강에 좋지 않습니다.

③ 今(いま)寝(ね)ない / 早(はや)く起(お)きられない ➜ ______________________。
지금 자지 않으면 일찍 일어날 수 없습니다.

03 부정의 가정표현

学生(がくせい)でなければ、分(わ)からないですよ。

학생이 아니면 몰라요.

부정어 ない는 본래 형용사이므로 가정형도 なければ의 형태를 취합니다.

~なければ ~하지 않으면

활용어에 접속하여 부정어를 만드는 ない는 형용사 ない(없다)와 의미만 다를 뿐 어미의 활용에서는 동일합니다. 따라서 부정어 ない의 가정형도 형용사 활용을 하여 어미 い가 けれ로 바뀌어 가정의 접속조사 ば가 이어진 なければ의 형태를 취합니다.

품사	기본형	부정형	부정 가정형
명사+だ	学生だ	学生でない	学生でなければ
형용동사	静かだ	静かでない	静かでなければ
형 용 사	涼しい	涼しくない	涼しくなければ
동　사	食べる	食べない	食べなければ

ここは 学生(がくせい)でなければ 入場(にゅうじょう)できない。

여기는 학생이 아니면 입장할 수 없다.

そんなに 高(たか)くなければ 買(か)う つもりです。

그다지 비싸지 않으면 살 생각입니다.

雨(あめ)が 降(ふ)らなければ 出発(しゅっぱつ)しましょう。

비가 내리지 않으면 출발합시다.

必要(ひつよう)でなければ 持(も)って 行(い)かなくても いいです。

필요하지 않으면 가져가지 않아도 됩니다.

Word

入場(にゅじょう) 입장　出発(しゅっぱつ)する 출발하다

생생 토크

A そんなに勉強(べんきょう)しなければ、おこづかいはあげないよ。

B どうしてですか。

A ずっと成績(せいせき)が落(お)ちているじゃない。

B わたしは頑張(がんば)っているよ。
学生(がくせい)でなければ、分(わ)からないですよ。

A 그렇게 공부 안 하면, 용돈 안 준다.
B 왜요?
A 계속 성적이 떨어지고 있잖아.
B 저는 열심히 하고 있어요. 학생이 아니면 몰라요.

おこづかい 용돈
あげる 주다, 드리다
成績(せいせき) 성적
落(お)ちる 떨어지다
頑張(がんば)る 분발하다, 힘내다

Pattern Drill

* 보기처럼 주어진 말을 우리말 뜻에 맞게 문장을 완성해보세요.

보기

今(いま)行(い)かない / 彼(かれ)に会(あ)うことができない　지금 가지 않는다 / 그를 만날 수 없다
→ 今行かなければ彼に会うことができません。 지금 가지 않으면 그를 만날 수 없습니다.

① 大人(おとな)でない / 入(はい)ることができない → ____________________。
어른이 아니면 들어갈 수 없습니다.

② お金(かね)がない / 買(か)うことができない → ____________________。
돈이 없으면 살 수가 없습니다.

③ 雨(あめ)が降(ふ)らない / わたしも行(い)く → ____________________。
비가 내리지 않으면 나도 가겠습니다.

04 주관적인 당연·의무의 표현

本当に 頑張らなければ いけませんね。

정말로 분발하지 않으면 안 되겠네요.

なければ いけない는 주관적인 당연함을 나타낼 때 사용합니다.

● ~なければ いけない ~하지 않으면 안 된다

활용어의 부정형에 가정의 뜻을 나타내는 접속조사 ば가 이어진 なければ에 금지를 나타내는 いけない가 접속된 ~なければ いけない는 우리말의 「~(하)지 않으면 안 된다」는 뜻으로 그렇게 하는 것(그런 것)이 당연하다는 것을 나타냅니다. 즉, 이 표현은 「~해야 한다」는 뜻으로 주로 주관적인 당연이나 의무를 나타낼 때 쓰입니다. いけない의 정중한 표현은 いけません입니다.

木村さんが 病気だなんて、それは いけないね。
기무라 씨가 아프다니 그거 안됐구나.

そろそろ 帰らなければ いけません。
슬슬 가지 않으면 안 됩니다.

今日までに レポートを 書かなければ いけません。
오늘까지 리포트를 쓰지 않으면 안 됩니다.

品物の 値段が 安くなければ いけない。
물건값이 싸지 않으면 안 된다.

歌手は 有名じゃなければ いけません。
가수는 유명하지 않으면 안 됩니다.

Word

そろそろ 슬슬　品物(しなもの) 물건　歌手(かしゅ) 가수

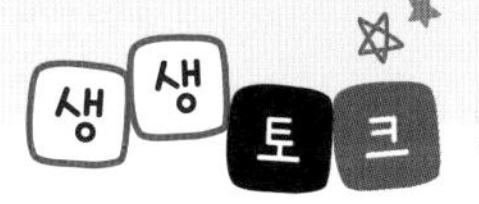

A 来週(らいしゅう)から期末試験(きまつしけん)が始(はじ)まりますよ。

B じゃ、これからしっかり勉強(べんきょう)しなければいけませんね。

A はい。点数(てんすう)が上(あ)がったら奨学金(しょうがくきん)を渡(わた)します。

B そうですか。本当(ほんとう)に頑張(がんば)らなければいけませんね。

A 다음 주부터 기말고사가 시작되어요.
B 그럼, 이제부터 확실히 공부해야겠네요.
A 네, 점수가 오르면 장학금을 주겠습니다.
B 그렇습니까? 정말 열심히 해야겠네요.

来週(らいしゅう) 다음 주
期末試験(きまつしけん) 기말시험
始(はじ)まる 시작되다
しっかり 확실히, 단단히
点数(てんすう) 점수
上(あ)がる 오르다
奨学金(しょうがくきん) 장학금

Pattern Drill

✱ 보기처럼 주어진 말을 우리말 뜻에 맞게 문장을 바꿔보세요.

보기

そろそろ出発(しゅっぱつ)する　　슬슬 출발하다
→ そろそろ出発しなければいけない。　　슬슬 출발하지 않으면 안 된다.

① しっかり練習(れんしゅう)する → ______________。
확실히 연습하지 않으면 안 된다.

② 手紙(てがみ)を書(か)く → ______________。
편지를 쓰지 않으면 안 됩니다.

③ 頭(あたま)がよい → ______________。
머리가 좋지 않으면 안 됩니다.

객관적인 당연·의무의 표현

健康(けんこう)に 気(き)を つけなければ なりませんね。

건강에 주의를 하지 않으면 안 되겠군요.

なければ いけない는 객관적인 당연함을 나타낼 때 사용합니다.

● ~なければ ならない ~하지 않으면 안 된다

활용어의 부정형에 가정의 뜻을 나타내는 접속조사 ば가 이어진 なければ에 5단동사 なる(되다)의 부정형 ならない가 접속된 ~なければ ならない는 우리말의 「~(하)지 않으면 안 된다」는 뜻으로, 당연·의무·필연을 나타냅니다. 앞서 배운 금지어 いけない는 주로 주관적인 의무를 나타내지만, ならない는 반대로 객관적인 의무를 나타냅니다.

人(ひと)は 約束(やくそく)を 守(まも)らなければ ならない。
사람은 약속을 지키지 않으면 안 된다.

人(ひと)は 毎日(まいにち) ご飯(はん)を 食(た)べなければ なりません。
사람은 매일 밥을 먹어야 합니다.

教師(きょうし)は、生徒(せいと)に 対(たい)して 公平(こうへい)でなければ ならない。
교사는 학생에 대해 공평하지 않으면 안 된다.

夏(なつ)は 暑(あつ)くなければ なりません。
여름은 더워야 합니다.

住宅街(じゅうたくがい)は 静(しず)かでなければ なりません。
주택가는 조용하지 않으면 안 됩니다.

Word

守(まも)る 지키다　教師(きょうし) 교사　生徒(せいと) 학생　対(たい)する 대하다
公平(こうへい)だ 공평하다　住宅街(じゅうたくがい) 주택가

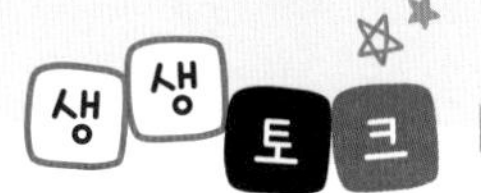

A 私は先月、病気で会社を休んだことがありますよ。

B そうでしたか。

健康に気を つけなければ なりませんね。

A はい。ダイエットで栄養不足でした。

B やはり栄養は ちゃんと取らなければ なりません。

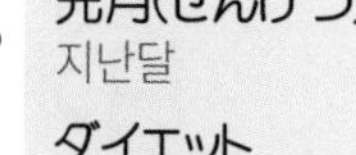

先月(せんげつ) 지난달

ダイエット 다이어트

栄養不足(えいようぶそく) 영양부족

ちゃんと 제대로

A 저는 지난달에 아파서 회사를 쉰 적이 있어요.

B 그랬어요?

건강에 주의하지 않으면 안 되겠군요.

A 네. 다이어트로 영양 부족이었습니다.

B 역시 영양은 제대로 섭취하지 않으면 안 됩니다.

Pattern Drill

보기처럼 주어진 말을 우리말 뜻에 맞게 문장을 바꿔보세요.

보기

国民は法律を守る　국민은 법률을 지키다

➜ 国民は法律を守らなければならない。 국민은 법률을 지키지 않으면 안 된다.

① 商店街は交通が便利だ ➜ ____________________。

상가는 교통이 편하지 않으면 안 된다.

② 人は健康に気をつける ➜ ____________________。

사람은 건강에 주의하지 않으면 안 된다.

③ 品物は良い ➜ ____________________。

물건이 좋지 않으면 안 됩니다.

06 동작·작용의 목적표현

日本語が できるには 仕方ありません。

일본어를 하려면 어쩔 수 없습니다.

동사의 기본형에 には를 접속하면 동작이나 작용의 목적을 나타냅니다.

● 동사 ~には ~하려면

には는 여러 가지 용법으로 쓰이는데, 체언에 접속하지 않고 동사의 기본형에 직접 には가 접속하면 「~하기에는, ~하려면」의 뜻으로 동작, 작용의 목적을 나타냅니다.

ここは 駅から 遠くて 住むには 不便な 所 です。
여기는 역에서 멀어서 살기에는 불편한 곳입니다.

銀座へ 行くには 何に 乗れば いちばん 速いですか。
긴자에 가려면 무엇을 타면 가장 빠릅니까?

その 新幹線に 乗るには 予約を 取る 必要が ある。
그 신칸센을 타려면 예약을 할 필요가 있다.

● どう ~ば いいですか 어떻게 ~하면 될까요?

どう는 부사어로 우리말의 「어떻게」에 해당하며, 뒤에 ~ば いいですか가 접속하면 상대에게 어떻게 하면 좋을지 대한 질문하는 표현이 됩니다.

この 漢字は どう 読めば いいんですか。
이 한자는 어떻게 읽으면 좋습니까?

外国へ 行くには どうしたら いいんでしょうか。
외국에 가려면 어떻게 하면 좋을까요?

Word

住(す)む 살다　不便(ふべん)だ 불편하다　所(ところ) 곳　外国(がいこく) 외국　予約(よやく) 예약

A 日本語(にほんご)を 勉強(べんきょう)するには どうすれば いいんですか。

B 最初(さいしょ)は 文字(もじ)から 覚(おぼ)えなければ なりません。

A でも、文字(もじ)を 覚(おぼ)えるには 大変(たいへん)ですが。

B 日本語(にほんご)が できるには 仕方(しかた)ありません。

A 일본어 공부를 하려면 어떻게 하면 됩니까?

B 처음에는 문자부터 외워야 합니다.

A 하지만, 문자를 외우려면 힘들던데요.

B 일본어를 하려면 어쩔 수 없습니다.

最初(さいしょ)
최초, 처음

文字(もじ)
문자, 글

覚(おぼ)える
외우다, 암기하다

大変(たいへん)だ
힘들다, 큰일이다

できる
할 수 있다

仕方(しかた)
방법

Pattern Drill

보기처럼 주어진 말을 우리말 뜻에 맞게 문장을 바꿔보세요.

보기

デパートへ行(い)く　백화점에 가다

➜ デパートへ行くにはどうしたらいいでしょうか。　백화점에 가려면 어떻게 하면 될까요?

① 電車(でんしゃ)に乗(の)る ➜ ______________________________。
전철을 타려면 어떻게 하면 될까요?

② 日本語(にほんご)が上手(じょうず)になる ➜ ______________________________。
일본어를 잘하려면 어떻게 하면 될까요?

③ 漢字(かんじ)を覚(おぼ)える ➜ ______________________________。
한자를 외우려면 어떻게 하면 될까요?

いや

부정으로 쓰는 표현에 **いや**가 있는데, 이 **いや**는 사용법이나 발음의 방식에서 여러 가지 의미가 있습니다. **いや**의 사용법은 적어도 세 가지 있습니다.

예를 들면, 자동차를 쓰고 싶다고 할 때 **いや**라고 쌀쌀맞게 대답하면 거절의 **No**를 의미합니다. 또, 신인 화가가 자신의 그림을 칭찬받는데 **や**를 길게 늘여서 **いやー**라고 하면 겸손해하고 있는 것에 지나지 않습니다.

아가씨가 쓰는 **いや**는 조금 사람을 당황하게 합니다. 예를 들면, 아가씨는 구혼자로부터의 요구에 대해 **いや**라고 말하면, 요구받고 있는 것에 대한 혐오를 나타내거나, 그저 **No**의 의미를 나타내거나 합니다. 하지만 그녀가 싫다고 말해도 실망할 필요는 없습니다. 부끄러운 듯이 하고 있는 것이라면 그녀의 **いや**는 속으로는 그렇지 않다는 것을 의미하고 있는 것이니까요.

どちらへ

그 나라의 문화나 관습에 따라 말의 표현도 달라질 수밖에 없습니다. 우리는 일본과 비슷한 문화권이므로 많은 표현에서 차이를 못 느끼지만, 다른 문화권의 외국인은 문화나 관습의 차이로 언어의 표현에 당황하는 일이 자주 있을 것입니다.

예를 들면, 길거리라든가 전차 안에서 두 사람의 일본인을 만났다고 합시다. 그들은 아무래도 친구사이나 이웃사이와 같은데 인사 대신에 다음과 같은 말을 나누고 있습니다.

あ、田中さん、どちらへ。 아, 다나카 씨, 어디에?

いや、ちょっとそこまで。 아니, 잠깐 저기까지.

이 표현은 남의 일에 대해 마치 꼬치꼬치 캐묻는 것처럼 느껴질지 모르지만, 실제로는 그 사람이 어디에 가는 것은 묻는 게 아니라 인사치레로 하는 말이므로 구체적으로 대답할 필요는 없습니다.

추측 · 권유 · 의지 표현 익히기

일본어의 추측표현은 단정을 나타내는 だ의 추측형인 だろう를 접속하여 표현하는 것이 일반적입니다. 그리고 동사에 접속하여 쓰이는 う(よう)는 권유나 의지를 나타낼 때 주로 쓰이며, 추측의 경우는 だろう를 접속하여 표현합니다.

01 추측의 표현

それは、寒(さむ)かっただろうね。

그거, 추웠겠는데.

だろう는 추측을 나타낼 때 쓰이는 말로 정중하게 말할 때는 でしょう로 표현합니다.

● ~だろう ~일(할) 것이다

だろう는 본래 단정을 나타내는 だ의 추측형이지만, 활용어에 접속하여 말하는 사람이 어떤 것을 여러 가지 상황으로 보아서 사실로 인정할 수 있으리라고 추측할 때 쓰며, 우리말의 「~(일)할 것이다」에 해당합니다. 정중한 표현은 です의 추측형인 でしょう입니다.

北海道(ほっかいどう)は 今(いま) 寒(さむ)いだろう。
홋카이도는 지금 추울 것이다.

木村(きむら)さんの マンションは 住宅街(じゅうたくがい)だから 静(しず)かでしょう。
기무라 씨 맨션은 주택가라서 조용할 것입니다.

● ~だろうと 思う ~일(할) 거라고 생각하다

思(おも)う는 본래 「생각하다」라는 뜻의 동사이지만, ~と 思う의 형태로 だろう에 접속되어 쓰일 때는 추측의 단정을 완곡하게 표현하게 됩니다.

あの ことは 田中(たなか)さんも 知(し)らないだろうと 思(おも)います。
그 일은 다나카 씨도 모를 것입니다.

金(キム)さんは もう 出発(しゅっぱつ)したから、すぐ 到着(とうちゃく)するだろうと 思(おも)います。
김씨는 벌써 출발했으니까 곧 도착할 것입니다.

Word

寒(さむ)い 춥다　マンション 맨션　住宅街(じゅうたくがい) 주택가　知(し)る 알다
出発(しゅっぱつ)する 출발하다　到着(とうちゃく)する 도착하다

A 朝(あさ)は ずっと 雪(ゆき)の 中(なか)で 鳥(とり)の 観察(かんさつ)を していたんです。

B それは、寒(さむ)かっただろうね。

A はい、その日(ひ)は マイナス 二十度(にじゅうど)も ありましたよ。

B そんなに。あの 辛(つら)さは 君(きみ)じゃないと 分(わ)からないだろうと 思(おも)う。

鳥(とり) 새

観察(かんさつ) 관찰

マイナス 마이너스

辛(つら)い 괴롭다

A 아침에는 계속 눈 속에서 새 관찰을 하고 있었습니다.

B 그거, 추웠겠는데.

A 네. 그날은 영하 20도까지 내려갔습니다.

B 그렇게나. 그 괴로움은 네가 아니면 모를 거라 생각해.

Pattern Drill

보기처럼 주어진 말을 우리말 뜻에 맞게 문장을 바꿔보세요.

보기

彼(かれ)は来(こ)ない　　그는 오지 않는다

➜ 彼は来ないだろう。　　그는 오지 않을 것이다.

① あの人(ひと)は先生(せんせい)だ ➜ ____________________。
저 사람은 선생일 것이다.

② 今日(きょう)は寒(さむ)い ➜ ____________________。
오늘은 추울 것이다.

③ すぐ到着(とうちゃく)する ➜ ____________________。
곧 도착할 것입니다.

02 추측의문의 표현

こんな 仕事を 引き受けてくれるだろうか。

이런 일을 받아 줄까?

だろうか는 확인을 나타내는 용법으로 쓰이며, 정중하게 말할 때는 でしょうか로 나타냅니다.

• ~だろうか ~일(할)까

だろう는 앞서 배운 추측의 용법 이외에, 확인을 나타내는 용법으로도 쓰입니다. 이때는 의문이나 질문을 나타내는 종조사 か를 접속하여 끝을 올려 발음합니다. 정중하게 표현할 때는 でしょうか를 쓰면 됩니다.

この 計画に、母は 賛成してくれるだろうか。
이 계획에 어머니는 찬성해 줄까?

今日も 雨が 降るでしょうか。
오늘도 비가 내릴까요?

• ~ではないだろうか ~이 아닐까

~では(じゃ) ないだろうか는 어떤 일이 일어날지 아닐지에 대해서 추측을 나타내는 표현으로 우리말의「~이(가) 아닐까」에 해당합니다. 동사에 접속할 때는 の(ん)를 삽입하여 표현합니다. 정중한 표현은 ~では(じゃ) ないでしょうか입니다.

この 道に 木を 植えれば、いい 散歩道になるのではないだろうか。
이 길에 나무를 심으면 좋은 산책길이 되지 않을까?

あしたも たぶん 雨ではないでしょうか。
내일도 아마 비가 내리지 않을까요?

Word

計画(けいかく) 계획　賛成(さんせい)する 찬성하다　道(みち) 길　木(き) 나무　植(う)える 심다
散歩道(さんぽみち) 산책길

A 野村さん、こんな仕事を引き受けてくれるだろうか。

B 大丈夫だよ。喜んで引き受けてくれるよ。

A 大変な仕事ですから。まだ分からないのじゃないですか。

B でも、仕事を探していたから、引き受けるのではないだろうか。

A 노무라 씨, 이런 일을 받아 줄까요?
B 괜찮아. 기꺼이 받아 줄 거야.
A 힘든 일이라서, (받아 줄지 어떨지) 아직 모르잖아요?
B 하지만, 일을 찾고 있었으니까, 받아 주지 않을까?

引(ひ)き受(う)ける
인수하다

喜(よろこ)ぶ
기뻐하다

探(さが)す
찾다

Pattern Drill

✱ 보기처럼 주어진 말을 우리말 뜻에 맞게 문장을 바꿔보세요.

보기

彼女は来ない	그녀는 오지 않는다
➜ 彼女は来ないだろうか。	그녀는 오지 않을까?

① 今日も蒸し暑い ➜ ______________________ 。
오늘도 무더울까?

② この学校の学生です ➜ ______________________ 。
이 학교 학생일까요?

③ 今日も雪が降ります ➜ ______________________ 。
오늘도 눈이 내릴까요?

03 5단동사의 의지형 (1)

海(うみ)へ 遊(あそ)びにでも 行(い)こうか。

바다에 놀러라도 갈까?

동사의 의지형은 상대에게 어떤 행동을 할 것을 권유할 때도 쓰입니다.

● 5단동사 ~う ~하자(하겠다)

동사의 의지형은 う(よう)가 접속된 형태를 말합니다. 5단동사의 중에 어미가 く・ぐ・つ・る・う인 경우에는 お단인 こ・ご・と・ろ・お로 바뀌어 의지(~하겠다)나 권유(~하자)의 뜻을 나타내는 う가 접속됩니다.

기본형	의 미	의지형	의 미
行く	가다	**行こう**	가자, 가겠다
急ぐ	서두르다	**急ごう**	서두르자, 서두르겠다
待つ	기다리다	**待とう**	기다리자, 기다리겠다
乗る	타다	**乗ろう**	타자, 타겠다
買う	사다	**買おう**	사자, 사겠다

さ、時間(じかん)が ないから 急(いそ)ごう。
자, 시간이 없으니까 서두르자.

バスより タクシーに 乗(の)って 行(い)こう。
버스보다 택시를 타고 가자.

あしたの 朝(あさ) 僕(ぼく)が 駅前(えきまえ)で 待(ま)とう。
내일 아침에 내가 역에서 기다리겠다.

時間(じかん)が あまり ないから タクシーに 乗(の)ろう。
시간이 별로 없으니 택시를 타자.

Word

急(いそ)ぐ 서두르다　バス 버스　タクシー 택시　駅前(えきまえ) 역전

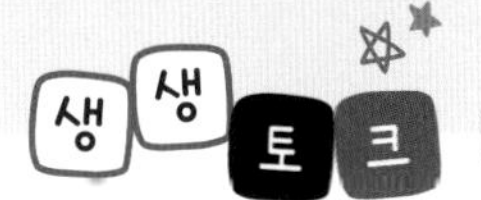

A 今度(こんど)の週末(しゅうまつ)、海(うみ)へ遊(あそ)びにでも行(い)こうか。

B うん。いいよ。ところで、水着(みずぎ)は持(も)っている?

A いやいや、持(も)ってないよ。明日(あした)買(か)おうか。

B うん。明日(あした)デパートに行(い)こう。

週末(しゅうまつ)
주말

海(うみ)
바다

ところで
그런데

水着(みずぎ)
수영복

A 이번 주말에 바다에 놀러라도 갈까?

B 응. 좋아. 그런데. 수영복 갖고 있어?

A 아니, 안 갖고 있어. 내일 살까?

B 응, 내일 백화점에 가자.

Pattern Drill

보기처럼 주어진 말을 우리말 뜻에 맞게 문장을 바꿔보세요.

보기

一日(いちにち)も早(はや)く行(い)く　하루라도 일찍 가다

→ 一日も早く行こう。　하루라도 일찍 가자.

① 日本語(にほんご)で書(か)く → ________________。
일본어로 쓰자.

② 時間(じかん)がないから急(いそ)ぐ → ________________。
시간이 없으니까 서두르자.

③ このバスに乗(の)る → ________________。
이 버스를 타자.

04 5단동사의 의지형 (2)

暑(あつ)いから 中(なか)に 入(はい)って 話(はな)そうか。

더우니까 안에 들어가서 이야기할까?

동사의 의지형은 추측을 나타내기도 하지만 だろう 형태가 일반적입니다.

5단동사 ~う ~하자(하겠다)

동사의 의지형은 う(よう)가 접속된 형태로, 5단동사 중에 어미가 む・ぶ・ぬ・す인 경우 お단인 も・ぼ・の・そ로 바뀌어 의지(~하겠다)나 권유(~하자)의 뜻을 나타내는 う가 접속됩니다.

기본형	의 미	의지형	의 미
飲む	마시다	飲もう	마시자, 마시겠다
飛ぶ	날다	飛ぼう	날자, 날겠다
死ぬ	죽다	死のう	죽자, 죽겠다
話す	이야기하다	話そう	이야기하자, ~하겠다

詳(くわ)しい ことは 君(きみ)に 会(あ)って 話(はな)そう。

자세한 것은 너를 만나서 이야기하자.

これから 小説(しょうせつ)を 読(よ)もうと 思(おも)います。

앞으로 소설을 읽으려고 합니다.

今晩(こんばん)は お前(まえ)と いっしょに 飲(の)もう。

오늘밤은 너와 함께 마시겠다.

Word

詳(くわ)しい 자세하다, 상세하다 小説(しょうせつ) 소설 今晩(こんばん) 오늘밤 お前(まえ) 너(남성어)

생생 토크

A ちょっと 話(はな)したい ことが あるけど。

B うん。なに?

A 暑(あつ)いから 中(なか)に 入(はい)って 話(はな)そうか。

B いいね。あの 喫茶店(きっさてん)で アイスコーヒーでも 飲(の)もう。

暑(あつ)い
덥다

中(なか)
안, 속

アイスコーヒー
아이스커피

A 좀 이야기할 게 있는데.

B 응, 뭔데?

A 더우니까 안에 들어가서 이야기할까?

B 그래. 저 커피숍에서 아이스커피라도 마시자.

Pattern Drill

✱ 보기처럼 주어진 말을 우리말 뜻에 맞게 문장을 바꿔보세요.

보기

帰(かえ)りに一杯(いっぱい)飲(の)む　귀갓길에 한 잔 마시다

➜ 帰りに一杯飲もう。　귀갓길에 한 잔 마시자.

① 最近(さいきん)の小説(しょうせつ)を読(よ)む ➜ ____________________。
최근 소설을 읽자.

② あの人(ひと)を呼(よ)ぶ ➜ ____________________。
저 사람을 부르자.

③ 先生(せんせい)にすべてを話(はな)す ➜ ____________________。
선생님께 모든 것을 말하자.

05 1단동사와 변격동사의 의지형

二人(ふたり)で おいしい 物(もの)を 食(た)べようね。

둘이서 맛있는 것을 먹자.

동사의 의지형은 상황에 따라 말하는 사람의 의지를 나타내기도 합니다.

● 상1단·하1단동사 ~よう ~하자(하겠다)

상1단·하1단동사의 의지형은 동시임을 결정하는 る를 떼고 의지나 권유를 나타내는 ~よう를 접속하면 됩니다.

기본형	의 미	의지형	의 미
見る	보다	**見よう**	보자, 보겠다
寝る	자다	**寝よう**	자자, 자겠다

もう 一度(いちど) よく 考(かんが)えよう。 다시 한번 잘 생각하자.

今日(きょう)、暇(ひま)だったら 映画(えいが)でも 見(み)ようか。 오늘 한가하면 영화라도 볼까?

今晩(こんばん)、レストランで ご飯(はん)でも 食(た)べよう。 오늘밤 레스토랑에서 밥이라도 먹자.

● 변격동사 ~よう ~하자(하겠다)

변격동사의 의지형은 る를 떼고 의지나 권유를 나타내는 ~よう를 접속하면 됩니다.

기본형	의 미	의지형	의 미
来る	오다	**こよう**	오자, 오겠다
する	하다	**しよう**	하자, 하겠다

今度(こんど)の 日曜日(にちようび)には 何(なに)を しようか。 이번 일요일에는 무엇을 할까?

Word

考(かんが)える 생각하다　暇(ひま)だ 한가하다

생생 토크

A 今晩(こんばん)、一緒(いっしょ)に ご飯(はん)でも 食(た)べようか。

B そうしよう。二人(ふたり)で おいしい 物(もの)を 食(た)べようね。

A ご飯(はん)を 食(た)べたら、映画(えいが)でも 見(み)ようか。

B いいよ。楽(たの)しみだね。

おいしい
맛있다

楽(たの)しみ
즐거움

A 오늘밤 같이 식사라도 할까?

B 그렇게 하자. 둘이서 맛있는 거 먹자.

A 밥을 먹고 영화라도 볼까?

B 그래. 기대된다.

Pattern Drill

보기처럼 주어진 말을 우리말 뜻에 맞게 문장을 바꿔보세요.

보기

あのレストランでご飯(はん)を食(た)べる 저 레스토랑에서 밥을 먹다

➜ あのレストランでご飯を食べよう。 저 레스토랑에서 밥을 먹자.

① 明日(あした)は朝早(あさはや)く起(お)きる ➜ ______________________ 。
내일은 아침 일찍 일어나자.

② 暑(あつ)いから窓(まど)を開(あ)ける ➜ ______________________ 。
더우니까 창문을 열자.

③ 朝起(あさお)きてジョギングをする ➜ ______________________ 。
아침에 일어나서 조깅을 하자.

06 완곡한 의지표현

何(なん)で 行(い)こうと 思(おも)っていますか。

뭐로 가려고 생각하고 계세요?

동사의 의지형에 ~と思う를 접속하면 말하는 사람의 완곡한 의지를 나타냅니다.

● ~う(よう) ~하자(하겠다, 할 것이다)

동사의 의지형을 만드는 う(よう)는 의지(~하겠다)의 뜻 이외에 권유의 뜻(~하자)을 나타내기도 하며, 추측의 뜻(~할 것이다)도 나타냅니다. 그러나 현대어에서는 동사의 기본형에 단정을 나타내는 だ의 추측형인 だろう를 접속하여 추측을 나타내는 것이 일반적입니다.

このプレゼントは 君(きみ)に 上(あ)げよう。
이 선물은 자네에게 주겠다.

いつごろ 海(うみ)へ 遊(あそ)びに 行(い)こうか。
언제쯤 바다에 놀러 갈까?

● ~う(よう)と 思う ~하려고 생각하다

동사의 의지형에 ~と 思(おも)う를 접속하면 「~하려고 생각하다」의 뜻으로 말하는 사람의 의지를 완곡하게 표현합니다.

これから 小説(しょうせつ)を 書(か)こうと 思(おも)います。
이제부터 소설을 쓰려고 합니다.

今(いま)、タクシーに 乗(の)って 行(い)こうと思(おも)います。
지금 택시를 타고 가려고 합니다.

Word

海(うみ) 바다　遊(あそ)ぶ 놀다　タクシー 택시

생생 토크

A 佐藤(さとう)さん、今度(こんど)の 日曜日(にちようび) 何(なん)か 予定(よてい)が ありますか。

B うん、ひさしぶりに 釣(つり)にでも 行(い)こうと 思(おも)って いるんだ。

A わたしも一緒(いっしょ)に行(い)きたいです。
何(なん)で 行(い)こうと 思(おも)っていますか。

B 自分(じぶん)の 車(くるま) で 行(い)こうと 思(おも)っているんだ。一緒(いっしょ)に 行(い)こう。

A 사토 씨, 이번 일요일 뭔가 예정이 있습니까?
B 응, 오랜만에 낚시라도 갈까 생각하고 있었어.
A 저도 같이 가고 싶네요. 무엇으로 가려고 생각하고 계세요?
B 내 차로 가려고 해. 같이 가자.

予定(よてい)
예정

ひさしぶりに
오랜만에

釣(つり)
낚시

車(くるま)
차, 자동차

Pattern Drill

✱ 보기처럼 주어진 말을 우리말 뜻에 맞게 문장을 바꿔보세요.

보기

ドラマを見(み)る　드라마를 보다
➜ ドラマを見ようと思っています。　드라마를 보려고 합니다.

① 日本語(にほんご)を習(なら)う ➜ ____________。
일본어를 배우려고 합니다.

② 彼(かれ)に会(あ)いに行(い)く ➜ ____________。
그를 만나러 가려고 합니다.

③ パンを食(た)べる ➜ ____________。
빵을 먹으려고 합니다.

とんでもない

일본인은 고마움에 대한 응대나 선물을 받거나 하면 곧잘 **ありがとう**를 말하기 전에 **とんでもない**라고 합니다. 사용법에 따라 **とんでもない**에는 많은 다른 의미가 있습니다.

감사에 대한 응대나 선물을 받거나 했을 때에 쓰이는 **とんでもない**는 기대하지 않았다는 것을 의미하고 있습니다. 이처럼 **とんでもない**는 일본인의 특유한 겸허함, 즉 상대에게 고마움을 기대하고 일을 행하는 것이 아니라는 것을 나타내고 있습니다.

그밖에 **とんでもない**는 「바보스런, 몰상식한, 무법한, 기이한, 사리가 맞지 않다」 등의 의미가 있습니다. 한 젊은 남자가 어떤 아가씨와 상당히 오랫동안 데이트를 거듭한 후에 그녀에게 프러포즈하자 그녀는 **とんでもない**라고 외칩니다. 이런 경우에는 여자 상대로부터 거절당했다는 것을 남자는 알아차리게 됩니다.

では、また

영어에서는 **See you**가 친구 사이에서의 작별인사로서 쓰입니다. 이것에 해당하는 일본어는 **では、また**이며, 스스럼없는 표현으로는 **じゃ、また**가 됩니다. 영어의 **See you**와 마찬가지로 일본인 사이에서는 **さよなら** 대신에 **では、また**가 널리 쓰이고 있습니다. 하지만 영어로 그대로 번역하면 **Well again**이 되고, 사용법에 따라서는 다소 차이가 나는 경우가 있습니다.

예를 들면 어느 세일즈맨이 재봉틀을 팔려고 하는데 거절당한 후 **では、また**라고 말하고 나갔다고 합시다. 또는 그가 가망이 있어 보이는 손님과 연락을 취하려고 전화를 걸었는데 상대가 외출중이라고 말하자 **では、また**라고 하며 수화기를 놓았다고 합시다.

처음의 예에서는 이 세일즈맨은 다음번에 잘 부탁드린다는 것을 말하며, 뒤의 예에서는 다시 전화를 걸겠다는 의미로 쓰이고 있습니다.

Part 10

명령표현 거침없이 익히기

일본어 동사의 명령형은 뒤에 접속하는 말이 없고, 5단동사의 경우 어미 う단을 え으로 바꾸면 됩니다. 그리고 상1단, 하1단동사의 경우는 끝 음절인 る를 ろ로 바꾸면 됩니다. 또한 강한 금지를 나타낼 때는 동사의 기본형에 な를 접속하면 됩니다.

01 사실의 설명표현

韓国(かんこく)の 文字(もじ)は 何(なん)と 言(い)いますか。

한국의 문자는 뭐라고 합니까?

~と言う는 활용어에 접속하여 「~라고 (말)하다」의 뜻으로 앞의 내용을 말합니다.

● ~と 言う ~라고 (말)하다

조사 と는 명사에 접속하여 사물을 나열할 때는 「~와(과)」의 뜻이지만, 활용어에 접속하여 가정 조건을 나타낼 때는 「~하면」의 뜻으로 쓰입니다. 그러나 言う(말하다), 思う(생각하다) 등의 말 앞에서 쓰이면 그 내용을 나타냅니다.

これは 何(なん)と 言(い)いますか。
이것은 뭐라고 합니까?

日本(にほん)でも 月(つき)の 中(なか)に ウサギが いると 言(い)いますか。
일본에서도 달 속에 토끼가 있다고 말합니까?

金(キム)さんは 日本(にほん)の 生活(せいかつ)が 楽(たの)しいと 言(い)って いました。
김씨는 일본 생활이 재미있다고 했습니다.

李(イ)さんは 日本人(にほんじん)は みんな 親切(しんせつ)だと 言(い)いました。
이씨는 일본인은 모두 친절하다고 했습니다.

田中(たなか)さんの お父(とう)さんは 大学(だいがく)の 先生(せんせい)だと 言(い)いました。
다나카 씨 아버지는 대학 교수라고 했습니다.

Word

月(つき) 달 ウサギ 토끼 生活(せいかつ) 생활 楽(たの)しい 즐겁다 親切(しんせつ)だ 친절하다
お父(とう)さん 아버지 大学(だいがく) 대학

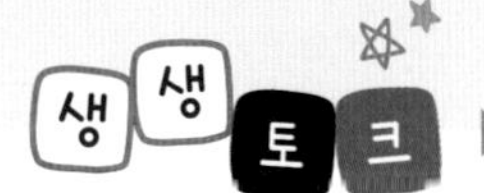

A 金(キム)さん、韓国(かんこく)の文字(もじ)は何(なん)と言(い)いますか。

B 韓国(かんこく)の文字(もじ)はハングルと言(い)います。

A 友達(ともだち)は難(むずか)しいと言(い)いましたが。

B ええ、難(むずか)しいですが、面白(おもしろ)いです。

文字(もじ)
문자, 글자

ハングル
한글

難(むずか)しい
어렵다

面白(おもしろ)い
재미있다

A 김씨, 한국의 문자는 뭐라고 합니까?

B 한국의 문자는 한글이라고 합니다.

A 친구는 어렵다고 말하던데요.

B 네, 어렵지만, 재미있습니다.

Pattern Drill

✱ 보기처럼 주어진 말을 우리말 뜻에 맞게 문장을 바꿔보세요.

보기

今日本(いまにほん)は暑(あつ)い	지금 일본은 덥다
➜ 今日本は暑いと言います。	지금 일본은 덥다고 합니다.

① 木村(きむら)さんは明日来(あしたく)る ➜ ____________________。
기무라 씨는 내일 온다고 합니다.

② あそこは交通(こうつう)が便利(べんり)だ ➜ ____________________。
거기는 교통이 편하다고 합니다.

③ 彼(かれ)は有名(ゆうめい)な歌手(かしゅ)を知(し)っている ➜ ____________________。
그는 유명한 가수를 알고 있다고 했습니다.

02 5단동사의 명령형 (1)

もう ちょっと 待(ま)ってくれ。

좀 더 기다려 줘.

5단동사의 명령형은 어미 う단을 え단으로 바꾸며 뒤에 접속되는 말은 없습니다.

● 5단동사의 명령형

일본어 동사의 명령형은 그 어감이 직접적이고 거칠기 때문에 일상생활에는 그다지 쓰이지 않지만 인용문이나 설명문에 쓰이므로 익혀 두어야 합니다. 5단동사 중에 어미가 く・ぐ・つ・る・う인 경우 명령형은 어미 う단을 え단인 け・げ・て・れ・え로 바꾸어 줍니다. 뒤에 접속하는 말은 없습니다.

기본형	의 미	명령형	의 미
行く	가다	行け	가(라)
急ぐ	서두르다	急げ	서둘러(라)
待つ	기다리다	待て	기다려(라)
乗る	타다	乗れ	타(라)
買う	사다	買え	사(라)

ぐずぐずしないで 早(はや)く 歩(ある)け。
꾸물거리지 말고 빨리 걸어.

時間(じかん)が あまり ないから 急(いそ)げ。
시간이 별로 없으니까 서둘러.

彼(かれ)は 僕(ぼく)に ここで 待(ま)てと 言(い)いました。
그는 나에게 여기서 기다리라고 했습니다.

Word

ぐずぐずする 꾸물거리다　歩(ある)く 걷다　急(いそ)ぐ 서두르다

생생 토크

A 用意(ようい)、できたか。

B わるい、もう ちょっと 待(ま)ってくれ。

A 遅(おそ)いね。急(いそ)げよ。

B 分(わ)かった、すぐ 行(い)くから。

用意(ようい) 준비
わるい 미안하다
遅(おそ)い 늦다

A 준비, 다 됐어?
B 미안, 좀 더 기다려 줘.
A 늦네. 서둘러.
B 알았어. 곧 갈 테니까

Pattern Drill

보기처럼 주어진 말을 우리말 뜻에 맞게 문장을 바꿔보세요.

보기

ぐずぐずしないで速(はや)く歩(ある)きなさい。 꾸물대지 말고 빨리 걸어라.
→ ぐずぐずしないで速く歩け。 꾸물대지 말고 빨리 걸어.

① 時間(じかん)がないから急(いそ)ぎなさい → ______________。
시간이 없으니까 서둘러.

② 危(あぶ)ないからここで待(ま)ちなさい → ______________。
위험하니까 여기서 기다려.

③ 速(はや)いからタクシーに乗(の)りなさい → ______________。
빠르니까 택시를 타.

03 5단동사의 명령형 (2)

兄(あに)は 私(わたし)に 本(ほん)を 読(よ)めと 言(い)いました。

형은 나에게 책을 읽으라고 했습니다.

동사의 명령형은 그 어감이 직접적이고 거칠기 때문에 일상생활에는 그다지 쓰이지 않습니다.

● 5단동사의 명령형

5단동사 중에 어미가 む · ぶ · ぬ · す인 경우의 명령형은 う단을 え단인 め · べ · ね · せ로 바꾸면 되고 뒤에 접속되는 말은 없습니다.

기본형	의 미	명령형	의 미
飲む	마시다	**飲め**	마셔(라)
飛ぶ	날다	**飛べ**	날아(라)
死ぬ	죽다	**死ね**	죽어(라)
話す	이야기하다	**話せ**	이야기해(라)

父(ちち)は 外(そと)へ 出(で)て 遊(あそ)べと 言(い)いました。

아버지는 밖에 나가 놀라고 말했습니다.

彼(かれ)は 犬(いぬ)に 死(し)ねと 命令(めいれい)しました。

그는 개에게 죽으라고 명령했습니다.

彼(かれ)は 知(し)って いる ことを 全部(ぜんぶ) 話(はな)せと 言(い)いました。

그는 알고 있는 것을 전부 말하라고 했습니다.

この本(ほん)、一(いち)ページから五(ご)ページまで 読(よ)め。

이 책, 1쪽부터 5쪽까지 읽어.

Word

外(そと) 밖　遊(あそ)ぶ 놀다　犬(いぬ) 개　命令(めいれい)する 명령하다　知(し)る 알다
全部(ぜんぶ) 전부　ページ 페이지, 쪽

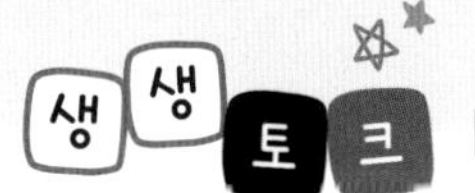

A お兄(にい)さんは さっき 何(なん)と 言(い)ったんですか。

B わたしに テレビばかり 見(み)ないで、本(ほん)を 読(よ)めと 言(い)いました。

A そうですか。また 何(なん)か 言(い)ったんじゃないですか。

B 勉強(べんきょう)が 嫌(きら)いなら 死(し)ねと 言(い)いました。

A 형은 아까 뭐라고 말했어요?
B 나에게 텔레비전만 보지 말고 책을 읽으라고 했습니다.
A 그렇습니까? 또 뭔가 말하지 않았습니까?
B 공부가 싫다면 죽으라고 했습니다.

お兄(にい)さん 형(님)
さっき 아까
嫌(きら)いだ 싫다

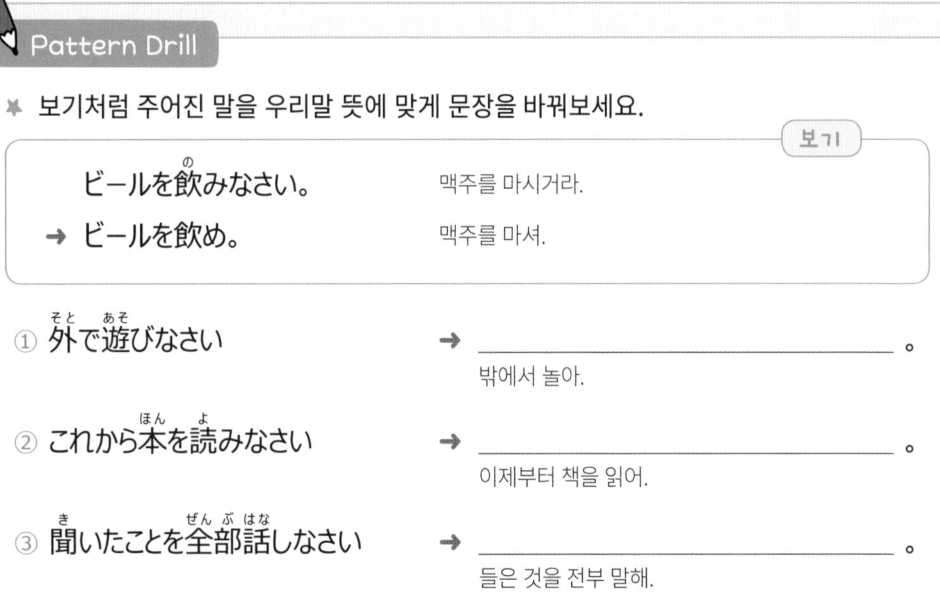

Pattern Drill

보기처럼 주어진 말을 우리말 뜻에 맞게 문장을 바꿔보세요.

보기

ビールを飲(の)みなさい。 맥주를 마시거라.
→ ビールを飲め。 맥주를 마셔.

① 外(そと)で遊(あそ)びなさい → ________________ 。
밖에서 놀아.

② これから本(ほん)を読(よ)みなさい → ________________ 。
이제부터 책을 읽어.

③ 聞(き)いたことを全部(ぜんぶ)話(はな)しなさい → ________________ 。
들은 것을 전부 말해.

04 1단동사와 변격동사의 명령형

よく 確(たし)かめろと 命令(めいれい)しました。
잘 확인하라고 명령했습니다.

동사의 명령형은 그 어감이 직접적이고 거칠기 때문에 인용문이나 설명문에 쓰입니다.

● 상1단·하1단동사의 명령형

상1단·하1단동사의 경우는 동사임을 결정하는 る를 ろ로 바꾸어 주면 됩니다. 마찬가지로 뒤에 접속되는 말은 없습니다.

기본형	의 미	명령형	의 미
見る	보다	**見ろ**	봐(라)
寝る	자다	**寝ろ**	자(라)

よそ見(み)を しないで ちゃんと ここを 見(み)ろよ。
한눈을 팔지 말고 잘 여기를 봐라.

● 변격동사의 명령형

변격동사 くる의 명령형은 こい가 되고, する의 경우는 しろ와 せよ가 있습니다. せよ는 주로 문장체에서만 쓰입니다.

기본형	의 미	명령형	의 미
来る	오다	**こい**	와(라)
する	하다	**しろ / せよ**	해(라)

社長(しゃちょう)は しっかり しろと 命令(めいれい)した。 사장은 확실히 하라고 명령했다.
彼(かれ)は 僕(ぼく)に 早(はや)く 来(こ)いと 言(い)いました。 그는 나에게 빨리 오라고 했습니다.

Word
よそ見(み) 곁눈, 한눈팖　**社長(しゃちょう)** 사장(님)　**しっかり** 확실히, 단단히　**命令(めいれい)する** 명령하다

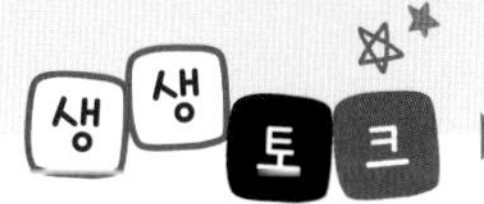

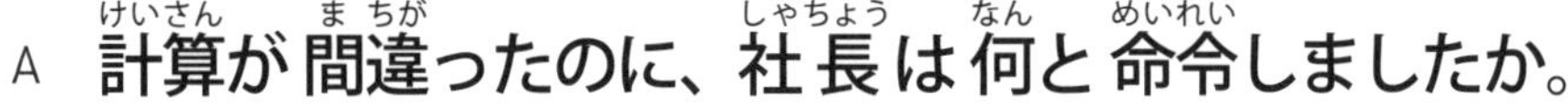

A 計算(けいさん)が 間違(まちが)ったのに、社長(しゃちょう)は 何(なん)と 命令(めいれい)しましたか。

B よく 確(たし)かめろと 命令(めいれい)しました。

A それだけですか。

B いいえ、あとは しっかり しろと。

計算(けいさん) 계산

間違(まちが)える 틀리다

確(たし)かめる 확실히 하다, 확인하다

A 계산이 틀렸는데, 사장은 뭐라고 명령했습니까?

B 잘 확인하라고 명령했습니다.

A 그것뿐입니까?

B 아니오. 앞으로 제대로 하라고.

Pattern Drill

보기처럼 주어진 말을 우리말 뜻에 맞게 문장을 바꿔보세요.

보기

黒板(こくばん)を見(み)なさい。 칠판을 보거라.

→ 黒板を見ろと命令(めいれい)しました。 칠판을 보라고 명령했습니다.

① 早(はや)く起(お)きなさい → ＿＿＿＿＿＿＿＿＿＿。
빨리 일어나라고 말했습니다.

② 犬(いぬ)にさっさと食(た)べなさい → ＿＿＿＿＿＿＿＿＿＿。
개에게 재빨리 먹으라고 명령했습니다.

③ しっかり練習(れんしゅう)しなさい → ＿＿＿＿＿＿＿＿＿＿。
확실히 연습하라고 명령했습니다.

05 금지의 표현

食べて(た) すぐ 寝るな(ね)。太るぞ(ふと)。

먹고 곧바로 자지 마. 살찐다.

동사의 기본형에 な를 접속하면 강한 금지의 뜻을 나타냅니다.

● 동사 ~な ~하지 마

な는 동사의 기본형에 접속하여 「~하지 마라」의 뜻으로 금지의 뜻을 나타냅니다. 부드럽게 표현하기 위해 종조사 よ를 접속하여 なよ의 형태로도 쓰입니다. 그러나 な가 동사의 중지형, 즉 ます가 접속하는 꼴에 이어지면 가벼운 명령을 나타내기도 합니다.

기본형	의 미	금지명령	의 미
飲む	마시다	飲むな	마시지 마
言う	말하다	言うな	말하지 마
寝る	자다	寝るな	자지 마
見る	보다	見るな	보지 마

終(お)わった ことを いつまでも 悔(く)やむな。
끝난 일을 언제까지고 후회하지 마.

お酒(さけ)を 飲(の)みすぎるなよ。
술을 너무 마시지 마라.

わき見(み)を するな。
한눈을 팔지 마라.

早(はや)く 歩(ある)きな。さあ、食(た)べな。
빨리 걸어라. 자, 먹어라.

Word

終(お)わる 끝나다 いつまでも 언제까지나 悔(く)やむ 분하게 생각하다, 후회하다 お酒(さけ) 술 わき見(み) 곁눈 歩(ある)く 걷다

생생 토크

A まだ食(た)べてるの? 食(た)べるな。

B でも、おいしいもん。あ、眠(ねむ)くなってきた。

そろそろ寝(ね)るよ。

A 食(た)べて すぐ 寝(ね)るな。太(ふと)るぞ。一緒(いっしょ)に 運動(うんどう)しよう。

B 運動(うんどう)は 本当(ほんとう)に いやだ。一人(ひとり)で しなさいよ。

眠(ねむ)い 졸립다
そろそろ 슬슬
太(ふと)る 살찌다
嫌(いや)だ 싫다

A 아직 먹고 있어? 먹지 마.
B 하지만, 맛있는걸. 아, 졸려.
슬슬 잘게.
A 먹고 곧바로 자지 마. 살찐다. 같이 운동하자.
B 운동은 정말 싫어. 혼자 해요.

Pattern Drill

보기처럼 주어진 말을 우리말 뜻에 맞게 문장을 바꿔보세요.

보기

誰(だれ)にも言(い)ってはいけない。 아무에게도 말해서는 안 된다.
→ 誰にも言うな。 아무에게도 말하지 마.

① 酒(さけ)を飲(の)んではいけない。 → ________________。
술을 마시지 마.

② タバコを吸(す)ってはいけない。 → ________________。
담배를 피우지 마.

③ 悪(わる)い漫画(まんが)を見(み)てはいけない。 → ________________。
나쁜 만화를 보지 마.

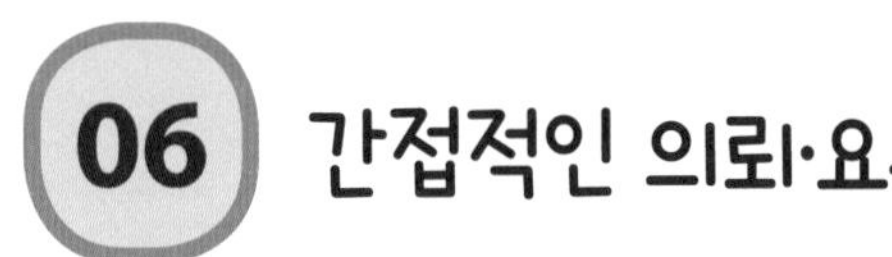

06 간접적인 의뢰·요구의 표현

一時間(いちじかん) あとで 来(き)てほしいです。

1시간 후에 와 줬으면 해요.

~てほしい는 상대가 그런 행동을 해 주기를 간접적으로 희망할 때 쓰이는 표현입니다.

● ~てほしい ~해 주었으면 한다

ほしい는 「어떤 것을 자기 것으로 하고 싶다」는 뜻으로 쓰이는 말이지만, 다른 동사 뒤에서 ~てほしい의 형태로 쓰이면 「상대방이 그런 행동을 해 주었으면 좋겠다」는 뜻을 나타냅니다. 앞서 배운 ~てください가 직접적인 행동의 요구표현이라면, ~てほしい는 그 행동을 해 주는 것을 받았으면 좋겠다는 뜻으로 간접적인 요구표현이라고 할 수 있습니다.

あした うちに 遊(あそ)びに 来(き)てほしい。
내일 우리 집에 놀러 와 주었으면 좋겠어.

この 問題(もんだい)を ちょっと 教(おし)えてほしいです。
이 문제를 좀 가르쳐 주었으면 합니다.

この 作文(さくぶん)を 直(なお)してほしいです。
이 작문을 고쳐 주었으면 합니다.

レポートは あしたまでに 出(だ)してほしいです。
리포트는 내일까지 내주기 바랍니다.

紹介(しょうかい)してほしい 人(ひと)が います。
소개받고 싶은 사람이 있습니다.

Word

教(おし)える 가르치다　作文(さくぶん) 작문　直(なお)す 고치다　レポート 리포트　出(だ)す 내다, 제출하다　紹介(しょうかい)する 소개하다

생생 토크

A この問題(もんだい)を ちょっと 教(おし)えてほしいです。

B 今(いま)は 忙(いそが)しいから あとでも いいですか。

A 何時頃(なんじごろ)が いいでしょうか。

B 一時間(いちじかん) あとで 来(き)てほしいです。

問題(もんだい) 문제
教(おし)える 가르치다
後(あと) 뒤, 나중
忙(いそが)しい 바쁘다

A 이 문제를 좀 가르쳐 주었으면 합니다.
B 지금은 바쁘니까 나중에라도 괜찮을까요?
A 몇 시쯤이 괜찮겠어요?
B 1시간 후에 와 줬으면 해요.

Pattern Drill

✱ 보기처럼 주어진 말을 우리말 뜻에 맞게 문장을 바꿔보세요.

보기

朝早(あさはや)く来(き)てください。 아침 일찍 오세요.
➜ 朝早く来てほしいです。 아침 일찍 와 주었으면 합니다.

① 日本語(にほんご)を教(おし)えてください ➜ ______________ 。
일본어를 가르쳐 주었으면 합니다.

② 木村(きむら)さんに電話(でんわ)してください ➜ ______________ 。
기무라 씨에게 전화해 주었으면 합니다.

③ 彼(かれ)にこれを伝(つた)えてください ➜ ______________ 。
그에게 이것을 전해 주었으면 합니다.

なぜ·どうして

일본어의 なぜ와 どうして는 각각 우리말의 「왜, 어째서」에 해당하며, 이유나 방법을 물을 때 쓰이는 의문사입니다.

친구에게 「이것을 그녀에게 전해주기 바라」라고 의뢰받았을 때에 **なぜ** 또는 **どうして**로 되물었다면, 그것은 이유 여하에 따라서는 부탁을 받아주어도 되고 거절할 경우도 있다는 의미입니다.

그 친구가 그럴듯한 이유를 말하고 다시 한번 부탁했다고 해도 역시 **どうして?**라고 물었다면 그 부탁을 **No**로 거절할 수 있습니다. 결국 막연한 방법으로 일을 부탁받았을 때 상대가 무엇을 말하려고 하는지를 이러한 말을 써서 확인할 수 있습니다.

그런데 **どうして**를 매우 닮은 말이 있습니다. 그것은 **どうしても**입니다. 이것은 반드시 일을 행하든지 아무리 분발해도 실행이 불가능하다는 의미를 갖고 있습니다. 예를 들면 작은 동생이 함께 놀아달라고 졸라도 아가씨는 데이트가 있어서 거절합니다. 동생에게 **どうして**라는 질문을 받고 그녀는 **どうしても**라고 대꾸합니다. 그것은 그녀가 거절하는 이유를 동생에게 말할 수 없기 때문입니다.

何(なに)もございませんが

일반적으로 일본인은 손님(환영받지 못한 손님은 별개로)을 친절히 대접합니다. 통상 방문객에게는 차와 과자를 내오고, 점심때가 되면 가족과 함께 식탁에서 식사를 하도록 합니다.

손님에게 시중을 드는 것은 대부분 그 집의 부인으로 음식을 차리면서 **何もございませんが** (아무것도 없습니다만)라고 말합니다. 물론 내드린 것은 전혀 없다는 것을 본심으로 말하고 있는 것이 아닙니다. 사실 그녀는 어디에도 없을 정도의 최고로 멋진 음식을 가지고 나타남에 틀림없습니다. 이러한 관습은 전연 손님을 놀린다거나 놀라게 하려는 의도가 아니라, 자신은 최선을 다했다라는 것을 나타내는 일본인 부인의 겸손한 배려가 있는 표현입니다.

Part 11

전문 · 양태 · 추정 · 비유 표현 익히기

일본어의 조동사 そうだ는 전문을 나타내는 용법과 양태를 나타내는 용법으로 쓰이며, らしい는 추정을 나타냅니다. 또 ようだ는 불확실한 단정의 용법 이외에 비유나 예시를 나타내는 용법으로 쓰입니다. 이 세 가지는 우리말 해석이 비슷하므로 그 용법을 잘 익혀 두어야 혼동이 생기지 않을 것입니다.

01 전문의 표현

田中(たなか)さんが ご病気(びょうき)だそうですね。

다나카 씨가 아프다고 하던데요.

そうだ는 들은 것을 다른 사람에게 전할 때 쓰는 전문의 용법으로도 쓰입니다.

• ~そうだ ~라고 한다

そうだ는 활용어의 기본형에 접속하여 「~라고 한다, ~란다」의 뜻으로 전문(伝聞)을 나타냅니다. 이것은 자신의 눈으로 직접 확인한 것이 아니라 남에게 전해 들어서 안다는 뜻입니다. 명사에 접속할 때는 반드시 ~だそうだ의 형태를 취하며, 정중형은 そうです입니다.

품 사	기본형	~そうだ	의 미
동 사	行く	行くそうだ	간다고 한다
형 용 사	安い	安いそうだ	싸다고 한다
형용동사	静かだ	静かだそうだ	조용하다고 한다
명사+だ	学生だ	学生だそうだ	학생이라고 한다

ソウルより 東京(とうきょう)は 暑(あつ)いそうです。
서울보다 도쿄는 덥다고 합니다.

木村(きむら)さんが 行(い)くそうで、わたしは 行(い)きませんでした。
기무라 씨가 간다고 해서, 나는 가지 않았습니다.

金(キム)さんの お父(とう)さんは お医者(いしゃ)さんだそうです。
김씨의 아버지는 의사 선생님이랍니다.

この 店(みせ)より あの 店(みせ)の 方(ほう)が 安(やす)いそうです。
이 가게보다 저 가게가 싸답니다.

Word

暑(あつ)い 덥다　お医者(いしゃ)さん 의사 선생님　店(みせ) 가게　安(やす)い (값이) 싸다

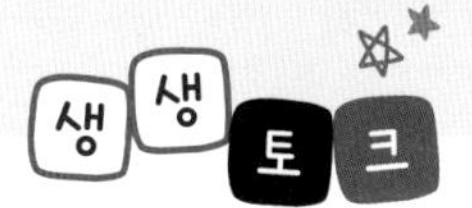

A　吉村さん、田中さんが ご病気だそうですね。

B　ええ、でも 心配するほどじゃないそうです。

A　木村さんが お見舞いに 行くそうですが。

B　よかったら、一緒に 行きましょうか。

病気(びょうき)
병

心配(しんぱい)する
걱정하다

お見舞(みま)い
병문안

良(よ)い
좋다

A　요시무라 씨, 다나카 씨가 아프다고 하던데요.

B　네, 하지만 걱정할 정도는 아니라고 합니다.

A　기무라 씨가 병문안 간다고 하던데요.

B　괜찮으시면, 같이 갈까요?

Pattern Drill

✱ 보기처럼 주어진 말을 우리말 뜻에 맞게 문장을 바꿔보세요.

보기

彼は日本へ帰ると言いました。　그는 일본으로 돌아간다고 했습니다.

➜ 彼は日本へ帰るそうです。　그는 일본으로 돌아간답니다.

① 彼女は時間がないと言いました。 ➜ ______________________ 。
그녀는 시간이 없답니다.

② 彼は歌が好きだと言いました。 ➜ ______________________ 。
그는 노래를 좋아한답니다.

③ 彼はまだ学生だと言いました。 ➜ ______________________ 。
그는 아직 학생이랍니다.

02 양태의 표현

今(いま)にも 雨(あめ)が 降(ふ)りそうですね。

당장이라도 비가 내릴 것 같군요.

そうだ는 현재의 모습이나 상태를 말하는 사람이 봐서 그럴 것 같다는 긍정 판단을 말합니다.

• ~そうだ ~할 것 같다

そうだ는 전문의 용법 이외에 양태(樣態)를 나타내기도 합니다. 이것은 「금방이라도 ~할 것 같다」 또는 「그렇게 보인다」라는 뜻을 나타내는데, 확인하지 못하지만 외견상 판단해서 그런 성질이나 상태가 추측된다는 것을 나타냅니다. 따라서 말하는 사람의 주관적인 판단에 의한 것이 많습니다. 전문의 そうだ는 활용어의 기본형에 접속하지만, 양태를 나타내는 そうだ는 동사의 중지형, 형용사와 형용동사의 어간에 접속하며, 명사에는 접속하지 않습니다. 단, 형용사의 よい나 ない처럼 두 음절로 이루어진 것은 어미 い가 さ로 바뀌어 そうだ가 이어집니다. 활용은 형용동사와 동일합니다.

품 사	기본형	~そうだ	의 미
동 사	降る	降りそうだ	내릴 것 같다
형용사	安い	安そうだ	쌀 것 같다
형용동사	静かだ	静かそうだ	조용할 것 같다

ここは とても 静(しず)かそうに 見(み)えますね。
여기는 매우 조용하게 보이는군요.

この セーターは なかなか 暖(あたた)かそうですね。
이 스웨터는 상당히 따뜻해 보이네요.

今(いま)にも 雪(ゆき)が 降(ふ)りそうですね。
금방이라도 눈이 내릴 것 같군요.

Word
見(み)える 보이다 セーター 스웨터 暖(あたた)かい 따뜻하다 雪(ゆき) 눈

생생 토크

A いやな天気ですね。

B ええ、今にも雨が降りそうですね。

A そうですね。ところで、このコート暖かそうですね。

B はい、暖かいです。

いや
싫은 모양, 바라지 않는 모양, 꺼림칙한 모양

天気(てんき)
날씨

ところで
그런데

A 날씨가 우중충하군요.
B 예, 당장이라도 비가 내릴 것 같군요.
A 그렇군요. 그런데, 이 코트 따뜻해 보이네요.
B 네, 따뜻합니다.

Pattern Drill

✱ 보기처럼 주어진 말을 우리말 뜻에 맞게 문장을 바꿔보세요.

보기

彼はお金がある　그는 돈이 있다
➜ 彼はお金がありそうです。　그는 돈이 있어 보입니다.

① 今にも雨が降る ➜ ______________________。
당장이라도 비가 내릴 것 같습니다.

② この料理はおいしい ➜ ______________________。
이 요리는 맛있어 보입니다.

③ 彼は元気だ ➜ ______________________。
그는 건강해 보입니다.

03 양태의 부정표현

雪(ゆき)が 降(ふ)りそうにないですね。

눈이 내릴 것 같지 않네요.

そうだ의 부정은 활용어의 부정형에 접속하는 것보다는 そうにない를 접속하여 표현합니다.

● ~そうに(も)ない ~할 것 같지 않다

양태를 나타내는 そうだ는 형용동사와 동일하게 활용을 하지만, 동사에 접속하여 부정을 나타낼 때는 부정형 そうではない가 아니라 そうに(も)ない가 됩니다. 또한, 형용사의 음절이 2개인 よい(좋다), ない(없다) 등과 같은 경우에는 어미 い를 さ로 바꾸어 양태를 나타내는 そうだ를 접속할하여 よさそうだ, なさそうだ라고 합니다.

활용형	~そうだ	의 미
기본형	**~そうだ**	~할 것 같다
정중형	**~そうです**	~할 것 같습니다
부정형 1	**~そうではない**	~할 것 같지 않다
부정형 2	**~そうに(も)ない**	~할 것 같지(도) 않다
부사형	**~そうに**	~할 것 같이, 처럼
연체형	**~そうな**	~할 것 같은
가정형	**~そうなら(ば)**	~할 것 같으면

金田(かねだ)さんは とても 良(よ)さそうな ひとですね。
가네다 씨는 매우 좋은 사람인 것 같군요.

この 病気(びょうき)は 治(なお)りそうにもありません。
이 병은 나을 것 같지도 않습니다.

今日(きょう)は 雨(あめ)が 降(ふ)りそうにないですね。
오늘은 비가 내릴 것 같지 않군요.

仲(なか)が 良(よ)さそうですね。 사이가 좋아 보이네요.

Word

良(よ)い 좋다　治(なお)る (병이) 낫다　仲(なか) 사이

생생 토크

A 明日(あした)も 雪(ゆき)が 降(ふ)りそうにないですね。

B そうですか。明日(あした)は 晴(は)れるでしょうか。

A いいえ、晴(は)れそうもないです。雨(あめ)が 降(ふ)りそうです。

B 雨(あめ)は いやですけどね。

雪(ゆき) 눈

晴(は)れる (날이) 개다, 맑다

A 내일도 눈이 내릴 것 같지 않네요.

B 그렇습니까? 내일은 맑을까요?

A 아니오. 맑을 것 같지도 않네요. 비가 내릴 것 같아요.

B 비는 싫은데 말이에요.

Pattern Drill

보기처럼 주어진 말을 우리말 뜻에 맞게 문장을 바꿔보세요.

보기

雨(あめ)が降(ふ)らない 비가 내리지 않다

→ 雨が降りそうにないです。 비가 내리지 않을 것 같지 않습니다.

① 雨(あめ)が止(や)まない → ________________。
비가 그치지 않을 것 같습니다.

② お金(かね)がない → ________________。
돈이 없어 보입니다.

③ 学生(がくせい)ではない → ________________。
학생이 아닌 것 같습니다.

04 추정의 표현

どうも 風邪(かぜ)を 引(ひ)いたらしいです。

아무래도 감기에 걸린 것 같습니다.

らしい는 단정적으로 말할 수 없지만, 객관적인 근거로 추정할 때 쓰입니다.

● ~らしい ~할 것 같다

らしい는 어떤 일에 대해 확정적으로 말할 수 없지만, 여러 가지 객관적인 사실들을 근거로 하여 그 일의 진위에 대한 확신이 높지 않을 때, 또는 그 정보의 근원이 직접적이지 못할 때 많이 씁니다. 즉, 말하는 사람 스스로가 직접 관여하고 있지 않다는 느낌으로 쓰이는 경우가 많습니다. らしい는 동사와 형용사의 기본형, 형용동사의 어간에 접속하며, 명사에는 직접 접속합니다. 또, らしい는 형태상 형용사의 꼴을 취하므로 형용사처럼 활용을 합니다.

품 사	기본형	~らしい	의 미
동 사	**行く**	**行くらしい**	갈 것 같다
형 용 사	**安い**	**安いらしい**	쌀 것 같다
형용동사	**静かだ**	**静からしい**	조용할 것 같다
명사+だ	**学生だ**	**学生らしい**	학생일 것 같다

彼(かれ)の 話(はなし)を 聞(き)くと、かなり 大変(たいへん)らしい。
그의 이야기를 들으면 상당히 힘들 것 같다.

木村(きむら)さんに 聞(き)いても よく 分(わ)からないらしいです。
기무라 씨에게 물어도 잘 모르는 것 같습니다.

どこかで 酒(さけ)を 飲(の)んで 来(き)たらしく 顔(かお)が 赤(あか)い。
어디선가 술을 마시고 온 듯이 얼굴이 빨갛다.

Word

話(はなし) 이야기　かなり 꽤, 상당히　大変(たいへん)だ 힘들다, 큰일이다　酒(さけ) 술

A どうも 風邪(かぜ)を 引(ひ)いたらしいです。

B それは いけませんね。

早(はや)く 帰(かえ)って 休(やす)んだ 方(ほう)が いいですね。

A はい、そう します。

B こんなに 元気(げんき)が ないなんて、金(キム)さんらしくないですよ。

どうも 아무래도, 무척, 매우

元気(げんき) 원기, 기운

A 아무래도 감기에 걸린 것 같습니다.

B 그거 안됐군요. 빨리 가서 쉬는 게 좋겠어요.

A 네, 그렇게 하겠습니다.

B 그렇게 원기가 없다니 김씨답지 않아요.

Pattern Drill

보기처럼 주어진 말을 우리말 뜻에 맞게 문장을 바꿔보세요.

보기

風邪(かぜ)を引(ひ)いた	감기에 걸렸다
→ 風邪を引いたらしいです。	감기에 걸린 것 같습니다.

① 彼(かれ)は会社(かいしゃ)を辞(や)めた → ＿＿＿＿＿＿＿＿。
그는 회사를 그만둔 것 같습니다.

② あの人(ひと)が木村(きむら)さんだ → ＿＿＿＿＿＿＿＿。
저 사람이 기무라 씨인 것 같습니다.

③ 約束(やくそく)を忘(わす)れた → ＿＿＿＿＿＿＿＿。
약속을 잊은 것 같습니다.

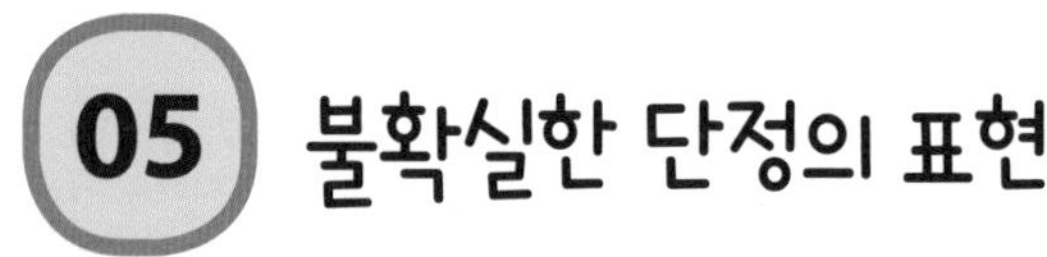

05 불확실한 단정의 표현

入口に 誰か 来たようです。

입구에 누군가 온 것 같네요.

ようだ는 활용어에 접속되어 불확실한 단정의 용법으로도 쓰입니다.

• ~ようだ ~할 것 같다

ようだ는 불확실한 단정・비유・예시의 용법으로 쓰입니다. 형용동사처럼 활용을 하며, 동사와 형용사의 기본형이나 과거형에 접속하지만, 형용동사에 접속할 때는 연체형, 즉 ~なようだ가 되며, 명사에 접속할 때는 ~のようだ의 형태를 취합니다. 구어체에서는 みたいだ의 형태로도 쓰입니다. 불확실한 단정을 나타내는 ようだ는 어떤 것에 대해 그 때의 상황이나 주어진 정보를 바탕으로 하여 불확실하지만 그렇게 볼 수 있는 상황이라는 판단이 설 때 씁니다. 또한, 명확한 근거가 없이 지극히 주관적인 판단에 의할 때에만 쓰기도 합니다.

彼女は 何も 知らないようだ。
그녀는 아무것도 모르는 것 같다.

その 話は どこかで 聞いたようですね。
그 이야기는 어디선가 들은 것 같군요.

入口に 誰か 来たようですね。
입구에 누가 온 것 같군요.

木村さんが 遊んでいるのを 見ると、最近 暇なようですね。
기무라 씨가 놀고 있는 것을 보니 요즘 한가한 것 같군요.

Word

入口(いりぐち) 입구　最近(さいきん) 최근, 요즘　遊(あそ)ぶ 놀다　暇(ひま)だ 한가하다

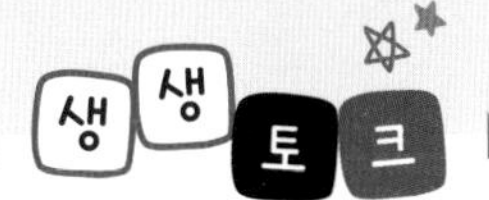

A 吉村(よしむら)さん、ちょっと やせたようですね。

B そうかもしれません。この頃(ごろ) 忙(いそが)しくて 睡眠不足(すいみんぶそく)ですから。

A 佐藤(さとう)さんは 最近(さいきん) 暇(ひま)なようですが、吉村(よしむら)さんは 忙(いそが)しいですね。

B はい。あ、入口(いりぐち)に 誰(だれ)か 来(き)たようです。

A 요시무라 씨. 좀 야윈 것 같네요.

B 그럴지도 모릅니다. 요즘 바빠서 잠이 부족해서요.

A 사토 씨는 최근에 한가한 것 같은데, 요시무라 씨는 바쁘군요.

B 네. 아, 입구에 누군가 온 것 같네요.

瘦(や)せる
야위다

睡眠不足(すいみんぶそく)
수면부족

忙(いそが)しい
바쁘다

Pattern Drill

보기처럼 주어진 말을 우리말 뜻에 맞게 문장을 바꿔보세요.

보기

彼(かれ)は困(こま)っている　그는 난처하다

→ 彼は困っているようです。　그는 난처한 것 같습니다.

① お酒(さけ)が飲(の)めない → ＿＿＿＿＿＿＿＿。
술을 마시지 못하는 것 같습니다.

② 気分(きぶん)が悪(わる)い → ＿＿＿＿＿＿＿＿。
기분이 안 좋은 것 같습니다.

③ 彼(かれ)は暇(ひま)だ → ＿＿＿＿＿＿＿＿。
그는 한가한 것 같습니다.

06 비유·예시의 표현

まるで 夏(なつ)が 来(き)たようです。
마치 여름이 온 것 같습니다.

ようだ는 앞서 불확실한 단정의 용법 이외에 비유나 예시의 용법으로도 쓰입니다.

● ~ようだ ~인(한) 것 같다

ようだ는 그 모습이나 상태가 「마치 ~인(한) 것 같다」라는 뜻으로 어떤 사물이나 상태에 비유를 나타내는 용법으로 쓰이기도 합니다. 이럴 경우에는 주로 まるで ~ようだ의 형태로 쓰입니다.

まるで 夢(ゆめ)を 見(み)て いるようです。
마치 꿈을 꾸고 있는 것 같습니다.

今(いま)は 春(はる)と 夏(なつ)が いっしょに 来(き)たようですね。
지금은 봄과 여름이 같이 온 것 같군요.

● ~ような / ~ように ~와 같은 / ~처럼, 듯이

예시의 ようだ는 비슷한 것, 조건에 맞는 것을 구체적인 예로 들어 설명하거나 그것 자체에 대해 말할 때 씁니다.

車(くるま) のような 大(おお)きな 物(もの)は 船(ふね)で 運送(うんそう)する。
차 같은 큰 것은 배로 운송한다.

コーラのような 冷(つめ)たい ものが 飲(の)みたいですね。
콜라와 같은 차가운 것을 마시고 싶군요.

子犬(こいぬ)は まるで 死(し)んだように 寝(ね)ています。
강아지는 마치 죽은 것처럼 자고 있습니다.

Word

夢(ゆめ) 꿈　まるで 마치, 흡사　春(はる) 봄　船(ふね) 배　運送(うんそう)する 운송하다
冷(つめ)たい 차갑다　子犬(こいぬ) 강아지

생생 토크

A　今日(きょう)は ずいぶん 暑(あつ)いですね。

B　ええ、まだ 四月(しがつ)なのに、夏(なつ)のような 暑(あつ)さですね。

A　まるで 夏(なつ)が 来(き)たようです。

B　コーラのような 冷(つめ)たい 物(もの)が 飲(の)みたいですね。

ずいぶん
상당히, 몹시

四月(しがつ)
4월

暑(あつ)さ
더위

コーラ
콜라

A　오늘은 꽤 덥네요.

B　네, 아직 4월인데도 여름같은 더위네요.

A　마치 여름이 온 것 같습니다.

B　콜라 같은 차가운 걸 마시고 싶네요.

Pattern Drill

보기처럼 주어진 말을 우리말 뜻에 맞게 문장을 바꿔보세요.

보기

まるで夢(ゆめ)だ　　마치 꿈이다

→ まるで夢のようです。　　마치 꿈 같습니다.

① 五月(ごがつ)なのに夏(なつ)だ　→ ______________________ 。
5월인데 여름 같습니다.

② ささやく / 声(こえ)で話(はな)す　→ ______________________ 。
속삭이는 듯한 목소리로 말합니다.

③ まるで雪(ゆき)だ / 肌(はだ)が白(しろ)い　→ ______________________ 。
마치 눈처럼 피부가 하얗습니다.

いらっしゃいませ

일본에서는 점포나 백화점을 들어서면 으레 점원은 **いらっしゃいませ**(어서오십시오)라고 하며 손님을 맞이합니다. 마찬가지로 레스토랑이나 다방에서 손님에게 물을 한 잔 들고 오는 웨이트리스도 **いらっしゃいませ**라고 인사를 합니다. 이처럼 **いらっしゃいませ** 또는 짧은 형태의 **いらっしゃい**는 방문객이 일부러 와준 것에 대한 감사의 마음을 나타내는 데에 쓰입니다.

이 말은 일본 도처에서 쓰이며, 특히 여점원, 웨이트리스, 접수처 여사무원 등, 고객을 직접 상대하는 사람들은 **いらっしゃいませ**를 애교스럽게 말하도록 교육을 받습니다.

가정집 방문자를 맞이할 때도 역시 **いらっしゃいませ**, 내지 **いらっしゃい**가 쓰입니다. 전자는 통상 부인이, 후자는 남편이 사용합니다.

때로는 어시장이나 채소가게나 변두리의 레스토랑에서 일하는 남자들은 활기차게 **らっしゃい**라고 발음합니다. 이것은 조금 거친 형태이지만 활기를 불어넣기도 합니다.

思(おも)いやり

일본어에 상대의 입장이 되어 생각하거나 자기 자신의 일을 생각하기 전에 상대의 마음을 배려하거나 하는 사려 깊음을 가리키는 말이 많이 있습니다. 이것에 가장 잘 들어맞는 말의 하나가 **思いやり**입니다. 사전에 의하면 **思いやり**란 자기 자신의 일보다 상대의 일에 대해서 많이 생각하거나 동정하거나 상대의 일을 생각하고 어떻게 느끼고 있는지를 고려하여 그 사람을 위해 무언가를 하는 것을 의미 합니다.

예를 들면, 실연을 당하여 슬픔에 빠진 당신을 혼자 두는 것도 **思いやり**의 하나의 형태이며, 또, 술집으로 데리고 가서 슬픔을 위로하는 것도 **思いやり**입니다. 어느 쪽의 경우도 당신의 마음을 배려하는 마음에서 나오는 것이므로 당신에게 보여준 **思いやり**를 알아야 합니다.

일본인이 누군가에게 **思いやり**를 보이는 것을 봤을 때나 당신이 **思いやり**를 받았을 때는 **ご親切(しんせつ)さま**(고맙게도)라든가 **ありがとう**(고마워요)에 덧붙여서 **あなたは思いやりがありますね**(당신은 배려가 있군요)라고 말한다면, 당신의 마음을 일본인에게 더욱 효과적으로 전할 수가 있을 것입니다.

사역표현 (さ)せる형 익히기

일본어의 사역표현은 せる(させる)로 표현되는 형식을 말하며, 우리말의 「~하게 하다, ~시키다」에 해당합니다. 5단동사에는 せる가 접속되고 상1단, 하1단동사에는 させる가 접속됩니다.

01 5단동사의 사역형 (1)

ニュースを 聞(き)かせる ことに しました。

뉴스를 듣게 하기로 했습니다.

 사역이란 다른 사람에게 어떤 행동을 하도록 하여 그대로 실행하는 것을 말합니다.

● 5단동사의 사역형 ~せる ~하게 하다(시키다)

사역(使役)이란, 말 그대로 다른 사람에게 어떤 행위나 동작을 명령하거나, 또는 요구하여 그대로 실행하게 하는 것을 말합니다. 일본어의 사역형은 동사의 부정형, 즉 ない가 접속하는 형태에 (さ)せる를 접속하여 우리말의 「~하게 하다, ~시키다」의 뜻을 나타냅니다. 5단동사의 어미가 く・ぐ・つ・る・う인 경우에는 か・が・た・ら・わ로 바꾸어 せる를 접속하면 사역형이 됩니다.

기본형	의 미	사역형	의 미
行く	가다	行かせる	가게 하다
急ぐ	서두르다	急がせる	서두르게 하다
待つ	기다리다	待たせる	기다리게 하다
乗る	타다	乗らせる	타게 하다
買う	사다	買わせる	사게 하다

母(はは)は おとうとに 買物(かいもの)に 行(い)かせました。

어머니는 동생에게 쇼핑을 보냈습니다.

友達(ともだち)を 一時間(いちじかん)も 待(ま)たせました。

친구를 1시간이나 기다리게 했습니다.

先生(せんせい)は 学生(がくせい)に 辞書(じしょ)を 買(か)わせました。

선생님은 학생에게 사전을 사게 했습니다.

Word

弟(おとうと) 동생　買物(かいもの) 쇼핑, 물건사기　辞書(じしょ) 사전

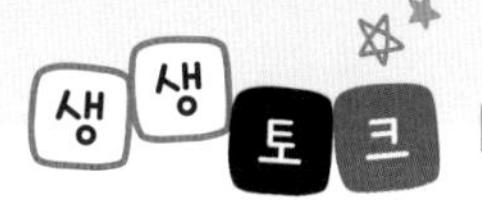

A 今日(きょう)も 生徒(せいと)に 作文(さくぶん)を 書(か)かせましたか。

B いいえ、今日(きょう)は ニュースを 聞(き)かせる ことにしました。

A 明日(あした)は、生徒(せいと)に 何(なに)を やらせる つもりですか。

B 博物館(はくぶつかん)に 行(い)かせる つもりです。

生徒(せいと)
학생

作文(さくぶん)
작문

ニュース
뉴스

やる
하다

博物館(はくぶつかん)
박물관

A 오늘도 학생들에게 작문을 쓰게 했습니까?

B 아니오, 오늘은 뉴스를 듣게 하기로 했습니다.

A 내일은 학생들에게 무엇을 하게 할 생각입니까?

B 박물관에 가게 할 생각입니다.

보기처럼 주어진 말을 우리말 뜻에 맞게 문장을 바꿔보세요.

보기

学生(がくせい)がテープを聞(き)く　　학생이 테이프를 듣다

→ 学生にテープを聞かせました。　　학생에게 테이프를 듣게 했습니다.

① 弟(おとうと)が品物(しなもの)を買(か)う → ________________。
동생에게 물건을 사게 했습니다.

② 一人(ひとり)ずつ行(い)く → ________________。
한 사람씩 가게 했습니다.

③ 彼(かれ)は人(ひと)を待(ま)つ → ________________。
그는 사람을 기다리게 했습니다.

5단동사의 사역형 (2)

じぶん　いけん　はな
自分の 意見を 話させます。

자신의 의견을 말하게 합니다.

5단동사의 사역형은 어미 う단을 あ단으로 바꾸고 せる를 접속하여 표현합니다.

● 5단동사의 사역형 ~せる ~하게 하다(시키다)

5단동사의 어미가 む・ぶ・ぬ・す인 경우는 ま・ば・な・さ로 바꾸어 せる를 접속하면 사역형이 됩니다.

기본형	의 미	사역형	의 미
飲む	마시다	飲ませる	마시게 하다
飛ぶ	날다	飛ばせる	날게 하다
死ぬ	죽다	死なせる	죽게 하다
話す	이야기하다	話させる	이야기하게 하다

と　とり　むり　と
飛べない 鳥を 無理に 飛ばせる。
날지 못하는 새를 무리하게 날게 하다.

せんせい　がくせい　ほん　よ
先生は 学生に 本を 読ませました。
선생님은 학생에게 책을 읽게 했습니다.

えさ　とり　し
餌を やらなくて 鳥を 死なせました。
먹이를 주지 않아서 새를 죽게 했습니다.

さけ　いっぷく　の　むり　の
酒を 一服も 飲めないのに 無理に 飲ませました。
술을 한 모금도 마시지 못하는데 무리하게 마시게 했습니다.

Word
飛(と)ぶ 날다　鳥(とり) 새　無理(むり)だ 무리다　餌(えさ) 먹이　酒(さけ) 술

생생 토크

A 木村(きむら)さんは 英語(えいご)を どのように 教(おし)えていますか。

B まず、わたしが 読(よ)んでから、一人(ひとり) 一人(ひとり) 当(あ)てて 読(よ)ませます。

A その あとは?

B 読(よ)ませた あとは 自分(じぶん)の 意見(いけん)を 話(はな)させます。

英語(えいご) 영어
一人(ひとり) 한 사람
当(あ)てる (어떤 일을 시키기 위해) 지명하다
自分(じぶん) 자신, 자기
意見(いけん) 의견

A 기무라 씨는 영어를 어떻게 가르치고 있습니까?
B 먼저, 제가 읽고 나서, 한 명 한 명 지목해 읽게 합니다.
A 그 다음은요?
B 읽게 한 다음은 자신의 의견을 말하게 합니다.

Pattern Drill

✱ 보기처럼 주어진 말을 우리말 뜻에 맞게 문장을 바꿔보세요.

보기

本(ほん)を読(よ)む 책을 읽다
→ 本を読ませました。 책을 읽게 했습니다.

① 鳥(とり)が飛(と)ぶ → ______________________。
새를 날게 했습니다.

② 猫(ねこ)が死(し)ぬ → ______________________。
고양이기를 죽게 했습니다.

③ 昨日(きのう)の事(こと)を話(はな)す → ______________________。
어제 일을 말하게 했습니다.

1단동사와 변격동사의 사역형

質問(しつもん)を して 答(こた)えさせるんです。

질문을 해서 대답하게 합니다.

상1단·하1단동사의 사역형은 어미 る를 탈락시키고 させる를 접속하여 표현합니다.

● 상1단·하1단동사 **~させる** ~하게 하다(시키다)

상1단동사나 하1단동사의 사역형은 동사임을 결정하는 る를 떼고 させる를 접속하면 됩니다.

기본형	의 미	사역형	의 미
見る	보다	**見させる**	보게 하다
寝る	자다	**寝させる**	자게 하다

母(はは)が 子供(こども)に 服(ふく)を 着(き)させました。
어머니가 아이에게 옷을 입게 했습니다.

● 변격동사 **~させる** ~하게 하다(시키다)

변격동사인 くる는 こさせる이고, する는 させる입니다.

기본형	의 미	사역형	의 미
来る	오다	**こさせる**	오게 하다
する	하다	**させる**	하게 하다

木村(きむら)さんを ここに 来(こ)させます。
기무라 씨를 이리로 오게 하겠습니다.

コーチが 選手(せんしゅ)に 練習(れんしゅう)を させます。
코치가 선수에게 훈련을 시킵니다.

Word
服(ふく) 옷　着(き)る 입다　選手(せんしゅ) 선수　練習(れんしゅう) 연습

생생 토크

A 録音(ろくおん)した ニュースを 聞(き)かせた あと どうするんですか。

B いろいろな 質問(しつもん)を して 答(こた)えさせるんです。

A そうやって、練習(れんしゅう)を させるんですね。

B はい、きっと 英語(えいご)が 上手(じょうず)になりますよ。

A 녹음한 뉴스를 듣게 한 후 어떻게 합니까?

B 여러 가지 질문을 해서 대답하게 합니다.

A 그렇게 해서 연습을 시키는 거군요.

B 네, 반드시 영어를 잘하게 될 거예요.

録音(ろくおん)する
녹음하다

いろいろな
여러가지

質問(しつもん)
질문

答(こた)える
대답하다

Pattern Drill

✱ 보기처럼 주어진 말을 우리말 뜻에 맞게 문장을 바꿔보세요.

보기

映画(えいが)を見(み)る　　영화를 보다

➜ 映画を見させました。　　영화를 보게 했습니다.

① 子供(こども)が寝(ね)る ➜ ______________________ 。
아이를 자게 했습니다.

② パンを食(た)べる ➜ ______________________ 。
빵을 먹게 했습니다.

③ 学生(がくせい)が質問(しつもん)をする ➜ ______________________ 。
학생에게 질문을 시켰습니다.

04 사역형의 활용

果汁(かじゅう)を 凍(こお)らせれば できあがるんですか。
과즙을 얼리면 완성되는 겁니까?

사역의 뜻을 나타내는 さ(せる)는 하1단동사와 동일하게 활용을 합니다.

● 사역형의 활용법

사역의 의미를 나타내는 (さ)せる는 형태상 끝음절인 る 바로 앞의 음이 え단에 속하므로 하1단동사와 마찬가지로 활용을 합니다.

활용형	させる(する)	의 미
부정형	させない	시키지 않다
정중형	させます	시킵니다
과거형	させた	시켰다
て 형	させて	시키고
연체형	させる 時	시킬 때
가정형	させれば	시키면
의지형	させよう	시키자

先生(せんせい)は 学生(がくせい)に 録音(ろくおん)テープを 聞(き)かせる ことも あります。
선생님은 학생에게 녹음을 듣게 하는 경우도 있습니다.

この 仕事(しごと)は 他人(たにん)を 絶対(ぜったい)に させない。
이 일은 다른 사람을 절대로 시키지 않겠다.

わたしに 作(つく)らせば、もっと 上手(じょうず)に 作(つく)ります。
나에게 만들게 하면 더욱 잘 만들겠습니다.

人(ひと)を 一度(いちど)も 待(ま)たせた ことが ありません。
사람을 한 번도 기다리게 한 적이 없습니다.

Word
録音(ろくおん) 녹음　仕事(しごと) 일　他人(たにん) 타인, 남　絶対(ぜったい)に 절대로
作(つく)る 만들다

생생 토크

A シャーベットはどう作(つく)るか知(し)っていますか。

B ええ、シャーベットは果汁(かじゅう)を凍(こお)らせて作(つく)ります。

A 果汁(かじゅう)を凍(こお)らせればできあがるんですか。

B はい、簡単(かんたん)でしょう。

A 셔벗은 어떻게 만드는지 알고 있습니까?
B 네, 셔벗은 과즙을 얼려서 만듭니다.
A 과즙을 얼리면 완성되는 겁니까?
B 네, 간단하죠.

シャーベット 셔벗
どう 어떻게
果汁(かじゅう) 과즙
凍(こお)る 얼다
出来上(できあ)がる 완성되다, 다 되다
簡単(かんたん)だ 간단하다

Pattern Drill

✱ 보기처럼 주어진 말을 우리말 뜻에 맞게 문장을 바꿔보세요.

보기

スーパーへ行(い)く/こともある　슈퍼에 간다 / 경우도 있다
→ スーパーへ行かせることもあります。　슈퍼에 가게 하는 경우도 있습니다.

① 学生(がくせい)に作文(さくぶん)を書(か)く → ________________。
학생에게 작문을 쓰게 하기도 합니다.

② 子供一人(こどもひとり)で行(い)く/ことはない → ________________。
아이 혼자서 가게 한 적은 없습니다.

③ 訓練(くんれん)をする/いい選手(せんしゅ)になるだろう → ________________。
훈련을 시키면 좋은 선수가 될 것입니다.

05 사역형의 간접적인 희망표현

あの 仕事(しごと)は 私(わたし)に やらせてください。
그 일은 제가 하겠습니다.

사역형에 ~てください를 접속하면 말하는 사람의 간접적인 희망을 나타냅니다.

● ~(さ)せてください ~하게 해 주세요

사역형의 て형에 의뢰나 요구를 할 때 쓰이는 ください를 접속하면 직접적으로 어떤 행동을 「~하게 해 주세요」, 「~시켜 주세요」의 뜻 이외에, 일본어의 특징으로서 「~하고 싶습니다」라는 뜻으로 자신의 간접적인 희망의 뜻을 나타내기도 합니다.

ちょっと 休(やす)ませてください。
= ちょっと 休みたいです。
좀 쉬게 해 주십시오 / 쉬고 싶습니다.

今日(きょう)は わたしに 食事代(しょくじだい)を 払(はら)わせてください。
= 今日は わたしが 食事代を 払いたいです。
오늘은 저에게 식사비를 지불하게 해 주세요 / 제가 내겠습니다.

今晩(こんばん)は ここで 泊(と)まらせてください。
= 今晩は ここで 泊まりたいです。
오늘밤은 여기서 머물게 해 주세요 / 머물고 싶습니다.

それに ついては わたしにも 書(か)かせてください。
= それに ついては わたしも 書きたいです。
그것에 대해서는 나에게 쓰게 해 주세요 / 나도 쓰고 싶습니다.

Word

食事代(しょくじだい) 식사대, 식비　払(はら)う 지불하다, 내다　今晩(こんばん) 오늘밤
泊(と)まる 머물다, 숙박하다　~に ついて ~에 대해서

A あの仕事(しごと)は わたしに やらせてください。

B いや、この仕事(しごと)は 他人(たにん)に 絶対(ぜったい)に させない。

A わたしに 作(つく)らせば、もっと いい 商品(しょうひん)を 作(つく)れますよ。

B それでも だめだ。

他人(たにん)
타인, 남

商品(しょうひん)
상품

だめだ
안 된다, 못쓰다

A 그 일은 제가 하겠습니다.

B 아니, 이일은 다른 사람에게 절대로 시키지 않을 거야.

A 저에게 만들게 하면, 더 좋은 상품을 만들 수 있어요.

B 그래도 안 돼.

Pattern Drill

보기처럼 주어진 말을 우리말 뜻에 맞게 문장을 바꿔보세요.

보기

ちょっと休(やす)みたいです。 잠깐 쉬고 싶습니다.

→ ちょっと休ませてください。 잠깐 쉬게 해주세요.

① これは私(わたし)が買(か)いたいです。 → ______________。
이건 제가 사게 해주세요.

② 東京(とうきょう)へは私(わたし)が行(い)きたいです。 → ______________。
도쿄에는 저를 가게 해주세요.

③ この作品(さくひん)は私(わたし)が作(つく)りたいです。 → ______________。
이 작품은 저에게 만들게 해주세요.

06 사역형의 의지표현

喜(よろこ)んで やらせてもらいます。

기꺼이 하겠습니다.

동사의 사역형에 もらう를 접속하면 자신의 행동을 할 기회를 달라는 뜻이 됩니다.

● ~(さ)せてもらう ~시켜서 받다

~(さ)せてもらう는 직역하면 「~시켜서 받다」로 해석되지만, 이것은 자신에게 어떤 행동을 할 기회를 달라는 뜻으로 정중한 표현은 ~(さ)せていただく 입니다. 또, ~(さ)せてもらう는 다른 사람의 허가를 얻어서 비로소 행동하는 듯한 느낌을 주지만, 실제로는 자신의 의지를 강하게 나타내는 표현입니다.

今度(こんど) 会社(かいしゃ)を 辞(や)めさせてもらいます。
이번에 회사를 그만두겠습니다.

三日間(みっかかん) 臨時(りんじ) 休業(きゅうぎょう) させていただきます。
3일간 임시휴업하겠습니다.

● 의지의 표현

① わたしが やります。

② わたしに やらせてください。

③ わたしに やらせてもらいます。

말하는 사람의 의지를 나타내는 표현에는 위의 세 가지를 들 수 있습니다. ①은 말하는 사람의 의지를 직접적으로 나타내는 형태이고, ②는 상대의 허가를 받는 듯한 느낌의 의지 표현이고 ③은 상대의 허가를 구하는 듯한 형식이지만 실제로는 말하는 사람의 강한 의지를 나타냅니다.

Word

今度(こんど) 이번　会社(かいしゃ) 회사　辞(や)める 그만두다, 사직하다　臨時(りんじ) 임시
休業(きゅうぎょう) 휴업

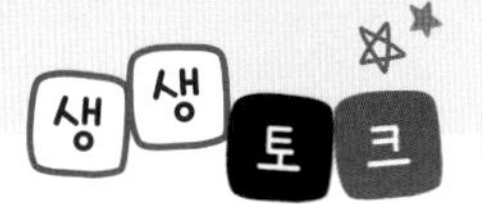

A 誰(だれ)か、この仕事(しごと)を引(ひ)き受(う)けてくれませんか。

B 僕(ぼく)にやらせてください。

A 本当(ほんとう)に引(ひ)き受(う)けてもらっていいですか。

B ええ、いいですよ。喜(よろこ)んでやらせてもらいます。

仕事(しごと)
일

引(ひ)き受(う)ける
맡다, 인수하다

喜(よろこ)んで
기꺼이

A 누군가, 이일을 맡아 주지 않을래요?

B 나에게 맡겨 주십시오.

A 정말 맡겨도 괜찮겠어요?

B 네, 괜찮아요. 기꺼이 하겠습니다.

Pattern Drill

보기처럼 주어진 말을 우리말 뜻에 맞게 문장을 바꿔보세요.

보기

会社(かいしゃ)を辞(や)める　회사를 그만두다

→ 会社を辞めさせていただきます。　회사를 그만두겠습니다.

① 手紙(てがみ)を書(か)く → ______________。
편지를 쓰겠습니다.

② 一週間休(いっしゅうかんやす)む → ______________。
1주일간 쉬겠습니다.

③ 休暇(きゅうか)を取(と)る → ______________。
휴가를 받겠습니다.

かっこういい

젊은이들은 새로운 말이나 표현을 만들어서 일상의 대화에서 세대차를 느끼게 만들기도 합니다.

일찍이 일본에서 **cool** (영어의 속어)을 의미하는 **いかす**(멋지다)라는 말이 유행한 적이 있습니다. 오늘날에 이 말은 **かっこういい**라는 용어로 바뀌었습니다.

예를 들면 젊은이들은 자신들의 취향에 딱 맞는 것이라고 인정하면 **かっこういい**라고 외칩니다. 그것이 자동차이든 의상이든 남자이든, 또한 노래이든 말입니다.

이 **かっこういい**는 보기에 좋은 것을 강조하고 영어의 속어로 「야, 저 녀석은 세련됐어!」라든가 「정말 멋진 헤어스타일이야!」가 쓰이는 것과 마찬가지입니다.

물론 어른에게는 이런 것들은 아무런 의미도 없지만, 외관만을 중요시하는 요즘 젊은이들의 경향을 바로 반영하는 것입니다.

どちらでもいい

다방이나 레스토랑에 들어가서 상대에게 메뉴를 보이면 선택을 요구하면 으레 「아무거나」라고 대답을 하는 경우가 많습니다. 일본인도 우리와 마찬가지로 묻는 상대에게 맡겨버리는 경우가 많습니다. 그것이 바로 **どちらでもいい**입니다.

どちらでもいい는 생각하고 있는 것이 명료하게 나타나지 않을 때 주로 쓰이는 표현으로 음료나 식사비를 지불하는 상대측에게 그 결정을 맡긴다는 겸손에서 온 것입니다.

또 다른 예로는 남편이 아내에게 모처럼 외식을 권유하면서 「중국요리와 일본요리 어느 쪽이 좋아?」라고 묻자, **どちらでもいい**라고 아내가 무뚝뚝하게 대답합니다. ─ 「어떻게 대답해도 마찬가지예요. 결국은 가지 않을 테니까.」

Part 13

수동표현 (ら)れる형 익히기

일본어의 수동표현은 れる(られる)로 표현되는 형식을 말하며, 우리말의 「~해 받다, ~당하다, ~하여지다」에 해당합니다. 5단동사에는 れる가 접속되고 상1단, 하1단동사에는 られる가 접속됩니다.

5단동사의 수동형 (1)

途中(とちゅう)で 雨(あめ)に 降(ふ)られました。

도중에 비를 맞았습니다.

동사의 수동형은 자기 의지와는 관계없는 요인으로 행동을 받게 되는 표현입니다.

● 5단동사의 수동형 ~れる ~받다, 당하다

수동(受動) 표현은 주어의 의지로 행동이 이루어지는 것이 아니라, 주어가 자기 의지와는 관계없는 요인으로 행동을 받게 되는 경우에 쓰입니다. 또 수동의 대상어가 될 때는 조사 に가 오는 것이 일반적이며, 때로는 から가 오는 경우도 있습니다. 5단동사의 수동형은 어미 う단이 あ단으로 바뀌어 수동의 뜻을 나타내는 조동사 れる가 접속합니다. 즉, 앞서 배운 사역형과 동일하며 5단동사의 어미가 く・ぐ・つ・る・う인 경우에는 か・が・た・ら・わ로 바꾸어 れる를 접속하면 사역형이 됩니다. 활용은 하1단동사와 동일합니다.

기본형	의 미	사역형	수동형
行く	가다	行かせる	行かれる
急ぐ	서두르다	急がせる	急がれる
待つ	기다리다	待たせる	待たれる
乗る	타다	乗らせる	乗られる
買う	사다	買わせる	買われる

お母(かあ)さんは 子供(こども)を 叱(しか)りました。
어머니는 아이를 꾸짖었습니다.

→ **子供は お母さんに 叱られました。**
아이는 어머니에게 꾸중 들었습니다.

車(くるま)に ひかれないように 気(き)を つけてね。
차에 치이지 않도록 조심해요.

Word

叱(しか)る 꾸짖다　お母(かあ)さん 어머니　轢(ひ)く (차로) 치다

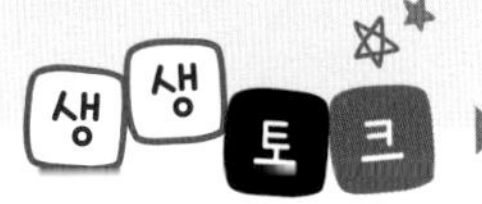

A 日曜日(にちようび)はいかがでしたか。

B 釣(つり)に行(い)ったんですが、途中(とちゅう)で雨(あめ)に降(ふ)られました。

A お母(かあ)さんが心配(しんぱい)したでしょう。

B 朝(あさ)、傘(かさ)を持(も)って行(い)かなくて、母(はは)に叱(しか)られました。

いかが
어떻게

釣(つり)
낚시

途中(とちゅう)
도중, 중도

傘(かさ)
우산

A 일요일은 어땠습니까?

B 낚시를 갔는데 도중에 비를 맞았습니다.

A 어머니이 걱정하셨겠지요.

B 아침에 우산을 갖고 가지 않아서 어머니께 꾸중들었습니다.

Pattern Drill

✱ 보기처럼 주어진 말을 수동표현으로 바꿔보세요.

보기

先生(せんせい)が叱(しか)る　　선생님이 꾸짖다

➜ 先生に叱られる　　선생님께 꾸중 듣다

① 雨(あめ)が降(ふ)る　➜ ____________________。
비를 맞다

② かみなりが打(う)つ　➜ ____________________。
벼락을 맞다

③ 彼(かれ)が手伝(てつだ)う　➜ ____________________。
그에게 도움을 받다

5단동사의 수동형 (2)

家内（かない）に ケーキを 頼（たの）まれました。

아내에게 케이크를 부탁받았습니다.

5단동사의 수동형은 어미 う단을 え단으로 바꾸고 れる를 접속하여 표현합니다.

● 5단동사의 수동형 ~れる ~받다, 당하다

5단동사의 어미가 む・ぶ・ぬ・す인 경우는 ま・ば・な・さ로 바꾸어 れる를 접속하면 수동형이 됩니다.

기본형	의 미	사역형	수동형
飲む	마시다	飲ませる	飲まれる
飛ぶ	날다	飛ばせる	飛ばれる
死ぬ	죽다	死なせる	死なれる
話す	이야기하다	話させる	話される

木村（きむら）さんは わたしに 観光案内（かんこうあんない）を 頼（たの）みました。
기무라 씨는 나에게 관광안내를 부탁했습니다.

→ わたしは 木村さんに 観光案内を 頼まれました。
나는 기무라 씨에게 관광안내를 부탁받았습니다.

どろぼうが わたしの 財布（さいふ）を 盗（ぬす）みました。
도둑이 내 지갑을 훔쳤습니다.

→ わたしの 財布（さいふ）は どろぼうに 盗（ぬす）まれました。
내 지갑은 도둑에게 도둑맞았습니다.

Word

観光(かんこう) 관광　案内(あんない) 안내　頼(たの)む 부탁하다, 의뢰하다
どろぼう 도둑　財布(さいふ) 지갑　盗(ぬす)む 훔치다

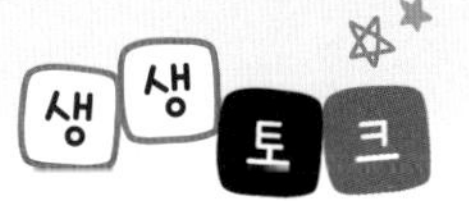

A 奥(おく)さんに何(なん)か頼(たの)まれましたか。

B ええ、家内(かない)にケーキを頼(たの)まれました。

A 木村(きむら)さんは家庭的(かていてき)ですね。

B よく言(い)われますよ。

奥(おく)さん
(남의) 부인

家内(かない)
(자신의) 아내

家庭的(かていてき)だ
가정적이다

A 부인께 뭔가 부탁받았습니까?

B 네, 아내에게 케이크를 부탁받았습니다.

A 기무라 씨는 가정적이시군요.

B 자주 들어요.

Pattern Drill

✱ 보기처럼 주어진 말을 수동표현으로 바꿔보세요.

보기

案内(あんない)を頼(たの)む　안내를 부탁하다
➜ 案内を頼まれる　안내를 부탁받다

① 人(ひと)が呼(よ)ぶ ➜ ____________________。
사람에게 호출받다

② 足(あし)を踏(ふ)む ➜ ____________________。
발을 밟히다

③ 議員(ぎいん)を選(えら)ぶ ➜ ____________________。
의원으로 선출되다

03 1단동사와 변격동사의 수동형

優(やさ)しいし、みんなに 尊敬(そんけい)されてるよ。

상냥하고 해서 모두에게 존경받고 있어요.

상1단·하1단동사의 수동형은 어미 る를 탈락시키고 られる를 접속하여 표현합니다.

● 상1단·하1단동사 ~られる ~받다, 당하다

상1단동사나 하1단동사의 수동형은 동사임을 결정하는 る를 떼고 られる를 접속하면 됩니다.

기본형	의 미	사역형	수동형
見る	보다	見させる	見られる
寝る	자다	寝させる	寝られる

お母(かあ)さんは 弟(おとうと) を 誉(ほ)めました。 어머니는 동생을 칭찬했습니다.

→ 弟は お母さんに 誉められました。 동생은 어머니에게 칭찬받았습니다.

● 변격동사의 수동형

변격동사인 くる의 수동형은 こられる이고, する는 される입니다.

기본형	의 미	사역형	수동형
来る	오다	こさせる	こられる
する	하다	させる	される

みんな 木村先生(きむらせんせい)を 尊敬(そんけい)しています。
모두 기무라 선생님을 존경하고 있습니다.

→ 木村先生は みんなに 尊敬されています。
기무라 선생님은 모두에게 존경받고 있습니다.

Word

誉(ほ)める 칭찬하다 尊敬(そんけい)する 존경하다

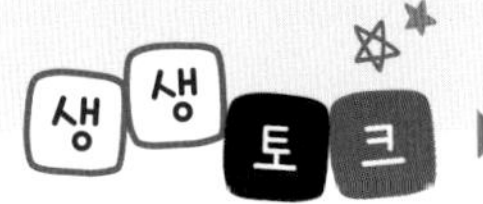

A 授業(じゅぎょう)は どうだったの。

B しっかり 予習(よしゅう)して 行(い)ったので、先生(せんせい)に 誉(ほ)められたよ。

A そう? 上田君(うえだくん)は いい 子(こ)だね。先生(せんせい)は どんな 方(かた)なの?

B とても 優(やさ)しいし、みんなに 尊敬(そんけい)されてるよ。

A 수업은 어땠니?

B 확실히 예습해 가서, 선생님한테 칭찬받았어요.

A 그래? 우에다는 착한 아이네. 선생님은 어떤 분이니?

B 매우 상냥하고, 모두에게 존경받고 있어요.

授業(じゅぎょう) 수업

予習(よしゅう)する 예습하다

優(やさ)しい 상냥하다

みんな(皆) 모두

Pattern Drill

보기처럼 주어진 말을 수동표현으로 바꿔보세요.

보기

先生(せんせい)が誉(ほ)める　선생님이 칭찬하다

➜ 先生に誉められる　선생님께 칭찬받다

① 遠足(えんそく)の日(ひ)が決(き)める ➜ ______________。
소풍날이 정해지다

② 人(ひと)が捨(す)てる ➜ ______________。
사람에게 버림받다

③ 学生(がくせい)が尊敬(そんけい)する ➜ ______________。
학생들에게 존경받다

04 피해의 수동표현

子供(こども)に 泣(な)かれて よく 眠(ねむ)れませんでした。

아이가 울어서 잘 자지 못했습니다.

다른 행동으로 인해 자기가 피해를 받는다고 생각하는 경우에 습관적으로 수동 표현을 씁니다.

● 피해의 수동(자동사)

일본어의 수동표현에 있어서 직접적으로 행동을 받는 수동 이외에, 상대방이나 다른 것의 행동으로 인하여 자기가 피해를 받는다고 생각하는 경우에 습관적으로 수동 표현을 씁니다. 이것을 피해의 수동이라고 하며 일본어에만 있는 독특한 표현으로 자동사를 수동형으로 하는 경우가 많습니다. 또한 피해의 원인이 되는 대상을 나타내는 명사 뒤에는 조사 に를 씁니다.

友達(ともだち)が 来(き)て 宿題(しゅくだい)も できなかった。

→ 友達に 来られて 宿題も できなかった。

친구가 와서 숙제도 할 수 없었다.

高校(こうこう)の 時(とき)、父(ちち)が 死(し)んで 大学(だいがく)に 行(い)けなかった。

→ 高校の 時、父に 死なれて 大学に 行けなかった。

고교 시절 아버지가 돌아가셔서 대학에 갈 수 없었다.

● 피해의 수동(타동사)

자동사의 경우 수동형을 쓰면 거의 피해의 수동이 되지만, 타동사의 경우도 정신적으로 피해를 받을 경우에 수동 표현을 씁니다.

電車(でんしゃ)の 中(なか)で 足(あし)を 踏(ふ)まれました。

전철 안에서 발을 밟혔습니다.

Word

宿題(しゅくだい) 숙제　高校(こうこう) 고교　大学(だいがく) 대학　電車(でんしゃ) 전철
足(あし) 발　踏(ふ)む 밟다

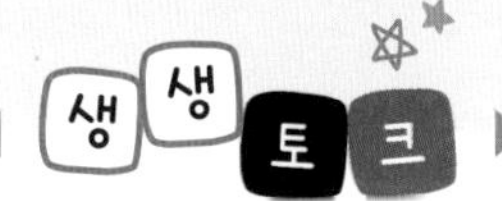

A 田中(たなか)さん、ゆうべ何(なん)か あったんですか。

B 急(きゅう)に 友達(ともだち)に 来(こ)られて 宿題(しゅくだい)が できなかったです。

A だから 宿題(しゅくだい)が できなかったんだ。

B ええ、しかも 夜中(よなか)には 子供(こども)に 泣(な)かれて

よく 眠(ねむ)れませんでした。

急(きゅう)に
갑자기

夜中(よなか)
밤중

眠(ねむ)る
자다

A 다나카 씨, 어젯밤 무슨 일 있었어요?

B 갑자기 친구가 와서 숙제를 할 수 없었습니다.

A 그래서 숙제를 못했군.

B 네, 게다가 밤중에는 아이가 울어서 잘 자지 못했습니다.

Pattern Drill

✱ 보기처럼 주어진 말을 우리말 뜻에 맞게 문장을 완성해보세요.

보기

子供(こども)が泣(な)く / 困(こま)る　　아이가 울다 / 난처하다

→ 子供に泣かれて困りました。　　아이가 울어서 난처했습니다.

① 彼(かれ)は早(はや)く帰(かえ)る / 困(こま)る → ______________。
그가 일찍 돌아가버려서 곤란했습니다.

② 隣(となり)の人(ひと)がタバコを吸(す)う / いやだ → ______________。
옆 사람이 담배를 피워서 싫었습니다.

③ お金(かね)を盗(ぬす)む / 服(ふく)を買(か)えない → ______________。
돈을 잃어버려서 옷을 살 수 없습니다.

05 무생물의 수동표현

何で 造られたんですか。

뭘로 만들어졌습니까?

수동형에서 무생물이 주어를 나타낼 때는 상태의 변화를 나타냅니다.

● ~(ら)れる ~어지다, ~되다

~(ら)れる가 무생물이 주어를 나타낼 때는 「~받다, ~당하다」의 뜻이 아니라 「~어지다, ~되다」의 뜻으로 상태의 변화를 나타냅니다.

豆腐は 大豆から 作られます。
두부는 콩으로 만들어집니다.

この 工場では テレビが 生産されています。
이 공장에서는 텔레비전이 생산되고 있습니다.

● 타동사의 직접수동

타동사의 직접수동은 「~は ~に ~(ら)れる(~은 ~에게 ~받다, ~당하다)」의 형태를 취하며, 가해자보다 피해자 쪽에 초점을 두어 그 피해를 강조하거나, 은혜를 베푸는 쪽보다 은혜를 받는 쪽을 주체로 하여 그 은혜를 크게 보이게 할 때 쓰입니다.

彼は 友達に 殴られました。
그는 친구에게 맞았습니다.

僕は 先生に 誉められました。
나는 선생님께 칭찬받았습니다.

Word

豆腐(とうふ) 두부　大豆(だいず) 콩　工場(こうじょう) 공장　生産(せいさん)する 생산하다
殴(なぐ)る 때리다

A この お寺(てら)は ずいぶん 古(ふる)いですね。

B はい、この お寺(てら)は 千年前(せんねんまえ)に 建(た)てられました。

A 千年(せんねん)も? すごいですね。何(なに)で 造(つく)られたんですか。

B この お寺(てら)は 木造(もくぞう)です。

A 이 절은 무척 오래되었군요?

B 네, 이 절은 천 년 전에 세워졌습니다.

A 천년이나? 대단하군요. 뭘로 만들어졌습니까?

B 이 절은 목조입니다.

お寺(てら)
절, 사찰

古(ふる)い
낡다, 오래되다

建(た)てる
(건물을) 짓다

すごい
대단하다,
굉장하다

造(つく)る
만들다, 짓다

木造(もくぞう)
목조

建物(たてもの)
건물

Pattern Drill

✱ 보기처럼 주어진 말을 우리말 뜻에 맞게 문장을 바꿔보세요.

보기

あそこで儀式(ぎしき)を行(おこな)っている　저기서 의식을 행하고 있다

➜ あそこで儀式(ぎしき)が行(おこな)われています。　저기서 의식이 행해지고 있습니다.

① この会場(かいじょう)で国際会議(こくさいかいぎ)を開(ひら)く ➜ ______________________ 。
이 회의장에서 국제회의가 열립니다.

② この工場(こうじょう)で車(くるま)を生産(せいさん)している ➜ ______________________ 。
이 공장에서 차가 생산되고 있습니다.

③ このビルは去年(きょねん)建(た)てる ➜ ______________________ 。
이 빌딩은 작년에 지어졌습니다.

06 수동형의 여러 가지 용법

入院(にゅういん)した 母(はは)の ことが 案(あん)じられます。

입원한 어머니가 걱정됩니다.

~(ら)れる는 수동의 뜻 이외에 가능, 존경, 자발의 용법으로도 쓰입니다.

● ~(ら)れる ~할 수 있다, ~하시다, ~어지다

(ら)れる는 수동의 용법만이 아니라 가능(~할 수 있다), 존경(~하시다), 자발(自発)의 용법으로도 쓰입니다. 각기 문맥에 따라 해석을 달리해야 합니다. (ら)れる가 자발(自発)의 용법으로 쓰일 때는 심리적인 활동을 나타내는 동사에만 쓰입니다. 이것은 일부러 어떤 행동을 하려는 것이 아니라 저절로(자연히) 그렇게 되다라는 뜻을 나타냅니다. 자발의 대표적인 동사를 보면 「思(おも)う 생각하다, 感(かん)じる 느끼다, 案(あん)じる 걱정하다, 思(おも)い出(だ)す 생각나다」 등이 있습니다.

何(なん)だか 今晩(こんばん)は 寂(さび)しく 感(かん)じられます。
왠지 오늘밤은 쓸쓸하게 느껴집니다. (자발)

ゆうべは 亡(な)き祖母(そぼ)の 姿(すがた)が 思(おも)い出(だ)されました。
어젯밤은 돌아가신 할머니 모습이 떠올랐습니다. (자발)

総理(そうり)は 午後(ごご)会議(かいぎ)に 出(で)られる 予定(よてい)です。
총리는 오후 회의에 나가실 예정입니다. (존경)

何時(なんじ)までに ここに 来(こ)られますか。
몇 시까지 여기에 올 수 있습니까? (가능)

Word

何(なん)だか 왠지　寂(さび)しい 쓸쓸하다, 적적하다　感(かん)じる 느끼다　亡(な)く 죽다, 잃다
祖母(そぼ) 할머니　姿(すがた) 모습　総理(そうり) 총리　会議(かいぎ) 회의

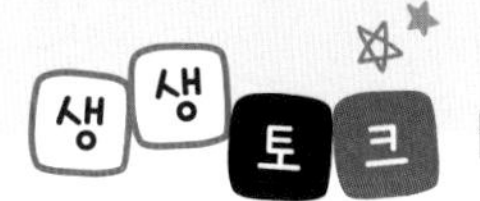

A 三浦さん、何か心配事でもあるんですか。

B ええ、実は病気で入院した母のことが案じられます。

A そうですか。それは心配ですね。いつ退院される予定ですか。

B まだはっきり分かりません。

心配事(しんぱいごと) 걱정거리

実(じつ)は (사)실은

入院(にゅういん)する 이원하다

案(あん)じる 걱정하다, 생각하다

退院(たいいん)する 퇴원하다

はっきり 확실히, 분명히

A 미우라 씨, 뭔가 걱정거리라도 있습니까?

B 네, 실은 아파서 입원하신 어머니가 걱정됩니다.

A 그렇습니까? 걱정되겠네요.
언제 퇴원하실 예정입니까?

B 아직 확실히 모릅니다.

Pattern Drill

보기처럼 주어진 말을 우리말 뜻에 맞게 문장을 바꿔보세요.

보기

田舎の母のことを案じる　시골 어머니를 걱정하다

➜ 田舎の母のことが案じられます。　시골 어머니가 걱정됩니다.

① 奥さんは何だか優しく感じる ➜ ____________________。
부인은 왠지 상냥하게 느껴집니다.

② 先生が家庭を訪問する ➜ ____________________。
선생님이 가정을 방문하십니다.

③ うちの子は一人で起きる ➜ ____________________。
우리 아이는 혼자서 일어날 수 있습니다.

おつかれさま

우리가 흔히 쓰는 「수고하셨습니다」를 일본어로 **お疲れさま**와 **ご苦労さま**로 표현하는데, 일본어에서는 그 사용범위가 좁습니다. 예를 들어 수업이 끝난 뒤에 담당 선생님께 **お疲れさま, ご苦労さま**를 쓸 수 없습니다. 왜냐하면 이 말은 손윗사람이 손아랫사람에게 쓸 수 있는 표현이기 때문입니다. 따라서 선생님께는 **ありがとうございました**라고 해야 합니다.

お疲れさま는 회사에서 함께 책상을 마주 대하고 있는 동료간에 일이 끝나 퇴근할 때에 하는 인사 정도로 쓰입니다. 또한 **ご苦労さま**는 물건을 배달해준 사람 등에게 사용하는 말입니다.

とてもいい

만약 여러분이 「이 차의 승차감은 어떻습니까?」라는 질문을 받았을 때에 **とてもいい**(매우 좋다)라는 짧은 표현을 외워두면 매우 유용하게 쓸 수 있습니다.

とても라는 말은 「매우 예쁘다」라든가, 「매우 멋지다」처럼 **きれい**(예쁘다, 깨끗하다), **すばらしい**(멋지다) 따위의 형용사와 함께 쓰이는 경우가 많습니다.

원래 **とても**는 부정의 의미로 쓰이는 말의 **とうてい**(완전히, 불가능한, 절대로)로 올바르게는 도저히 불가능하다는 의미를 나타냈습니다. 그러므로 일본에서 쇼핑을 할 때 점원이 보여 준 상품이 마음에 든다면 **とてもいい**라고 말하면 되고, 가격이라든가 다른 이유로 마음에 들지 않으면 **とてもだめ**(도저히 안돼)라고 거절하면 됩니다.

경어표현으로 중급 마무리하기

일본어의 경어는 상대를 높여서 말하는 존경어, 자신을 낮추어 상대를 높이는 겸양어와 보통체의 대립어인 정중어로 나눕니다. 우리말 경어와 다른 점은 말하는 사람 자신은 물론, 소속된 가족이나 직장 등의 사람을 상대에게 말할 때는 자신보다 윗사람일지라도 낮추어 말한다는 점입니다.

01 존경의 표현

いつ お戻(もど)りになりましょうか。

언제 돌아오실까요?

お ~になる는 일본어 존경 표현에서 가장 일반적으로 많이 쓰입니다.

● お ~になる ~하시다

우리말에 있어서 존경의 접미어 「~시」를 접속하여 「읽다」를 「읽으시다」로 존경화하는 방법이 있듯이, 일본어에도 존경의 뜻을 가진 동사와 (ら)れる로 표현하는 존경어, 그리고 「お＋동사의 중지형＋になる」로 표현하는 방법이 있습니다. お ~になる는 가장 일반적인 존경표현입니다. 단, 존경의 뜻을 가진 동사는 이 표현에서 제외합니다.

기본형	중지형	お~になる	의 미
書く	書き	お書きになる	쓰시다
読む	読み	お読みになる	읽으시다
帰る	帰り	お帰りになる	돌아오시다

先生(せんせい)は いつ頃(ごろ) お宅(たく)に お帰(かえ)りになりますか。
선생님은 언제쯤 댁에 돌아오십니까?

先生(せんせい)、この 本(ほん)を お読(よ)みになりましたか。
선생님, 이 책을 읽으셨습니까?

この 小説(しょうせつ)は 木村先生(きむらせんせい)が お書(か)きになりました。
이 소설은 기무라 선생님이 쓰셨습니다.

社長(しゃちょう)が これからの 計画(けいかく)を お話(はな)しになりました。
사장님이 앞으로의 계획을 말씀하셨습니다.

Word
帰(かえ)る 돌아가(오)다　読(よ)む 읽다　書(か)く 쓰다, 적다

생생 토크

A 田中先生(たなかせんせい)は しばらく 仕事(しごと)を お休(やす)みになるそうですね。

B ええ、一週間前(いっしゅうかんまえ)に 子供(こども)を 産(う)みましたので。

A いつ お戻(もど)りになりましょうか。

B たぶん 一年(いちねん)ぐらいじゃないでしょうか。

週間(しゅうかん) 주간
産(う)む 낳다
戻(もど)る 되돌아오다

A 다나카 선생님은 잠시 학교를 쉬실 거라고 하더군요.
B 네, 1주일 전에 아이를 낳으셔서요.
A 언제 돌아오실까요.
B 아마, 1년 정도이지 않을까요?

Pattern Drill

✱ 보기처럼 주어진 말을 존경표현으로 바꿔보세요.

보기

先生(せんせい)はもう帰(かえ)るりました。 선생님은 벌써 귀가했습니다.
➜ 先生はもうお帰りになりました。 선생님은 벌써 귀가하셨습니다.

① 田中先生(たなかせんせい)が小説(しょうせつ)を書(か)きました。 ➜ ________________。
다나카 선생님이 소설을 쓰셨습니다.

② これは木村先生(きむらせんせい)が作(つく)りました。 ➜ ________________。
이것은 기무라 선생님이 만드셨습니다.

③ 地下鉄(ちかてつ)に乗(の)るのがいちばん便利(べんり)です ➜ ________________。
지하철을 타시는 게 가장 편합니다.

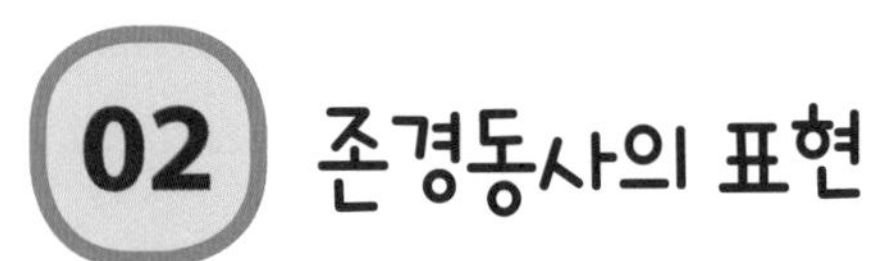

02 존경동사의 표현

店内(てんない)で 召(め)し上(あ)がりますか。

가게 안에서 드시겠습니까?

동사 중에 특별히 존경의 뜻만으로 쓰이는 동사는 잘 익혀두어야 합니다.

● 존경동사

일본어 동사 중에는 독립된 어휘 자체로 존경의 뜻을 나타내는 말이 있습니다. 우리말에서도 「드시다, 하시다」 등처럼 따로 분류되어 있고, 이것을 대상에 따라 구분하여 사용하는 것이 중요하듯 일본어에서도 이것을 구분하여 쓰는 것이 중요합니다. 그 대표적인 존경동사를 들면 다음과 같습니다.

보통어	의 미	존경어	의 미
いる	있다	いらっしゃる	계시다
来る	오다		오시다
行く	가다		가시다
する	하다	なさる	하시다
言う	말하다	おっしゃる	말씀하시다
見る	보다	ご覧(らん)になる	보시다
知る	알다	ご存(ぞん)じだ	아시다
食べる	먹다	召(め)し上(あ)がる	드시다
飲む	마시다		

木村先生(きむらせんせい)は 何(なん)と おっしゃいましたか。 기무라 선생님은 뭐라고 말씀하셨습니까?

いつ こちらに いらっしゃる 予定(よてい)ですか。 언제 이리로 오실 예정입니까?

たくさん 召(め)し上(あ)がってください。 많이 드십시오.

Word

予定(よてい) 예정　たくさん(沢山) 많이

생생 토크

A お客(きゃく)さま、何(なに)に なさいますか。

B わたしは チーズバーガーで お願(ねが)いします。

A 店内(てんない)で 召(め)し上(あ)がりますか。

B いいえ、持(も)ち帰(かえ)りで。

お客様(きゃくさま)
손님, 고객

チーズバーガー
치즈버거

店内(てんない)
점내, 가게 안

持(も)ち帰(かえ)る
가지고 가다, 들고 가다

A 손님, 무엇으로 하시겠습니까?

B 저는 치즈버거로 부탁드립니다.

A 가게에서 드시겠습니까?

B 아니오. 포장이요.

Pattern Drill

보기처럼 주어진 말을 존경동사로 바꿔보세요.

보기

先生(せんせい)は今(いま)どこにいますか。 선생님은 지금 어디에 있습니까?

→ 先生は今どこにいらっしゃいますか。 선생님은 지금 어디에 계십니까?

① 木村先生(きむらせんせい)が言(い)いました。 → ________________。
기무라 선생님이 말씀하셨습니다.

② 先生(せんせい)はご飯(はん)を食(た)べています。 → ________________。
선생님은 밥을 드시고 계십니다.

③ 田中先生(たなかせんせい)を知(し)っていますか。 → ________________。
다나카 선생님을 아십니까?

03 그밖에 존경표현

ここにお名前(なまえ)をお書(か)きください。

여기에 성함을 적어 주십시오.

요구나 의뢰를 나타내는 ~てください의 존경 표현은 お~くださいです。

• お~ください ~해 주십시오

의뢰나 요구의 표현인 ~てください를 존경 표현으로는 할 때는「お+동사의 중지형+ください」로 나타냅니다.

申(もう)し訳(わけ)ありませんが、少々(しょうしょう)お待(ま)ちください。
죄송합니다만, 잠시 기다려 주십시오.

この案内書(あんないしょ)をお読(よ)みください。
이 안내서를 읽으십시오.

• お~です ~하십니다

동사의 중지형에 존경의 뜻을 나타내는 접두어 お를 붙이고 뒤에 정중한 단정을 나타내는 です를 접속하면 앞서 배운 お~になる와 같이 존경의 뜻을 나타냅니다. お~です는 동사의 성질에 따라 과거, 현재, 미래의 동작의 상태를 나타낼 수 있습니다.

この本(ほん)はもうお読(よ)みですか。
이 책은 벌써 읽으셨습니까?

お子(こ)さんは何人(なんにん)おありですか。
자제분은 몇 분이십니까?

Word

申(もう)し訳(わけ)ない 죄송하다 少々(しょうしょう) 잠시 案内書(あんないしょ) 안내서
お子(こ)さん 아드님 何人(なんにん) 몇 사람

생생 토크

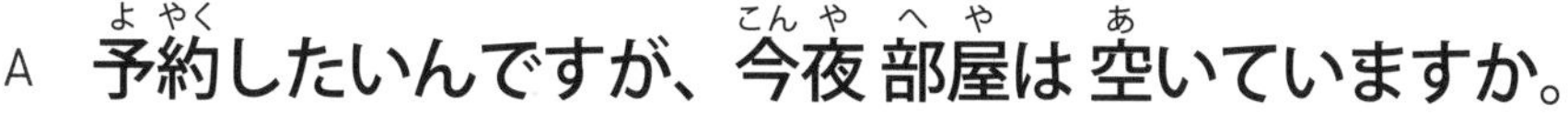

A 予約したいんですが、今夜 部屋は 空いていますか。

B はい、ございます。

このカードに お名前を お書きください。

A 書きました。

B 少々 お待ちください。

予約(よやく)する
예약하다

今夜(こんや)
오늘 밤

空(あ)く
비다

カード
카드

お名前(なまえ)
성함, 이름

A 예약하고 싶은데요, 오늘밤 방은 비어 있습니까?

B 네, 있습니다.

여기 카드에 성함을 적어 주십시오.

A 적었습니다.

B 잠시만 기다려 주십시오.

Pattern Drill

✱ 보기처럼 주어진 말을 존경의 요구표현으로 바꿔보세요.

보기

東口で待ってください。 동쪽출구에서 기다리세요.

→ 東口でお待ちください。 동쪽출구에서 기다려 주십시오.

① この席に座ってください。 → ______________________。
이 자리에 앉으십시오.

② どうぞゆっくり話してください。 → ______________________。
천천히 말씀해 주십시오.

③ 必ず冷蔵庫に入れてください。 → ______________________。
반드시 냉장고에 넣어 주십시오.

04 겸양의 표현

明日(あした) お届(とど)けしても よろしいでしょうか。

내일 / 보내드려도 / 괜찮을까요?

お~する는 일본어에 있어서 대표적인 겸양 표현이므로 잘 익혀 두어야 합니다.

• お ~する ~해 드리다

일본어 겸양 표현은 단어 자체가 겸양어인 것도 있지만, 일반적으로 동사의 중지형 앞에 접두어 お(ご)를 붙이고, 중지형 뒤에 する를 접속하여 만듭니다. お~する는 경우에 따라 「~해 드리다」로 해석되는 경우가 많아 ~てあげる로 표현하기 쉬우나, 이것은 상대에게 은혜를 베푸는 것 같은 느낌을 주므로 실례가 되는 경우가 많습니다. 따라서 이럴 때는 お~する로 쓰는 것이 적합합니다. する 대신에 いたす를 쓰면 더욱 겸양스런 표현이 됩니다.

기본형	중지형	お~する	의 미
待つ	待ち	お待ちする	기다리다
送る	送り	お送りする	보내드리다
知らせる	知らせ	お知らせする	알려드리다
借りる	借り	お借りする	빌려드리다

見本(みほん)は 来週(らいしゅう)までに お送(おく)りします。
견본은 다음 주까지 보내 드리겠습니다.

あしたまでに お電話(でんわ)で お知(し)らせ致(いた)します。
내일까지 전화로 알려드리겠습니다.

部長(ぶちょう)、わたくしが 荷物(にもつ)を お持(も)ちしましょう。
부장님, 제가 짐을 들어드리겠습니다.

Word
見本(みほん) 견본　来週(らいしゅう) 다음 주　送(おく)る 보내다　知(し)らせる 알리다

생생 토크

A この本を買いたいんですが。

B 少々お待ちください。在庫をお調べ致します。

A はい。

B こちらの本はあいにく売り切れました。

あしたお届けしてもよろしいでしょうか。

A 이 책을 사고 싶은데요,

B 잠시만 기다려 주십시오, 재고를 조사하겠습니다.

A 네.

B 여기 책은 공교롭게 품절입니다.

내일 보내드려도 괜찮을까요?

在庫(ざいこ) 재고

調(しら)べる 조사하다

あいにく 공교롭게, 안타깝게

売(う)り切(き)れる 다 팔리다, 매진되다

届(とど)ける 보내다, 전하다, 닿게 하다, 신고하다

Pattern Drill

보기처럼 주어진 말을 겸양표현으로 바꿔보세요.

보기

お仕事を手伝います。 일을 거들겠습니다.

→ お仕事をお手伝いします。 일을 거들어 드리겠습니다.

① 日程が決まったら知らせます。 → ________________。
일정이 정해지면 알려 드리겠습니다.

② あしたまで待ちます。 → ________________。
내일까지 기다리겠습니다.

③ 借りたものはすぐ返します。 → ________________。
빌린 것을 곧 돌려 드리겠습니다.

05 겸양동사의 표현

はじめまして、木村(きむら)と 申(もう)します。

처음 뵙겠습니다, 기무라라고 합니다.

동사 중에 특별히 겸양의 뜻만을 나타내는 동사가 있으므로 잘 익혀 두어야 합니다.

● 겸양동사

존경동사와 마찬가지로 독립된 그 어휘 자체가 겸양의 뜻을 가진 것이 있습니다. 대표적인 겸양동사를 보면 다음과 같습니다.

보통어	의 미	겸양어	의 미
いる	있다	おる	있다
する	하다	致(いた)す	하다
行く	가다	参(まい)る	가다
来る	오다		오다
会う	만나다	お目(め)にかかる	만나뵙다
見る	보다	拝見(はいけん)する	뵙다
もらう	받다	いただく	받다
言う	말하다	申(もう)す 申(もう)し上(あ)げる	말씀드리다
食べる / 飲む	먹다/마시다	いただく	먹다 / 마시다
聞く	묻다	うかがう	여쭙다

わたくしは 木村(きむら)と 申(もう)します。 저는 기무라라고 합니다.

先日(せんじつ) 家内(かない)が 大阪(おおさか)まで 参(まい)りました。 전날 집사람이 오사카까지 갔습니다.

それでは お手並(てな)みを 拝見(はいけん)します。 그럼 솜씨를 보겠습니다.

Word

先日(せんじつ) 전날 家内(かない) 아내, 집사람 お手並(てな)み 솜씨

생생 토크

A はじめまして。木村(きむら)と 申(もう)します。

よろしく お願(ねが)い致(いた)します。

B はじめまして。佐藤(さとう)です。どうぞ よろしく。

A お目(め)にかかれて 本当(ほんとう)に うれしいです。

B こちらこそ。

A 처음 뵙겠습니다, 기무라라고 합니다. 잘 부탁드립니다.

B 처음 뵙겠습니다. 사토입니다. 잘 부탁드립니다.

A 뵙게 되어 정말로 기쁩니다.

B 저야말로.

お目(め)に かかる
뵙다

うれしい
기쁘다

~こそ
~이야말로

Pattern Drill

보기처럼 주어진 말을 겸양동사로 바꿔보세요.

보기

先生(せんせい)の若(わか)い時(とき)の写真(しゃしん)を見(み)ました。 선생님의 젊은 시절 사진을 보았습니다.

→ 先生の若い時の写真を拝見しました。 선생님의 젊은 시절 사진을 보았습니다.

① 連絡(れんらく)は わたくしが します。 → ＿＿＿＿＿＿＿＿。
연락은 제가 드리겠습니다.

② 前(まえ)に一度(いちど)会(あ)ったことがあります。 → ＿＿＿＿＿＿＿＿。
전에 한 번 뵌 적이 있습니다.

③ もう一杯(いっぱい)お茶(ちゃ)を飲(の)みたいのですが。 → ＿＿＿＿＿＿＿＿。
한 잔 더 차를 마시고 싶은데요.

06 그밖에 겸양표현

いつも お世話になっております。

늘 신세를 지고 있습니다.

~ている의 겸양 표현은 ~ておる이며, ~てもらう의 겸양 표현은 ~ていただく입니다.

• ~ておる ~하고 있다

동사의 て형에 いる의 겸양어인 おる를 접속한 ~ておる는 진행이나 상태를 나타내는 ~ている의 겸양표현으로 「~하고 있다」의 뜻입니다.

わたしは 貿易の 仕事を やっております。
저는 무역 일을 하고 있습니다.

わたしは この 学校で 日本語を 教えております。
저는 이 학교에서 일본어를 가르치고 있습니다.

• ~ていただく ~해 받다

우리말의 「받다」에 해당하는 いただく(もらう)를 동사의 て형에 접속한 ~ていただく는 ~てもらう의 겸양 표현으로 우리말로 해석하면 「~해 받다」의 뜻이 되지만 「~해 주시다」로 해석하는 것이 더 자연스럽습니다.

先生から 数学を 教えていただきました。
선생님께 수학을 배웠습니다.

木村課長に お土産を 買っていただきました。
기무라 과장님이 선물을 사 주셨습니다.

Word

貿易(ぼうえき) 무역　数学(すうがく) 수학　課長(かちょう) 과장(님)

A　木村(きむら)と 申(もう)しますが。

B　木村(きむら)さん、いつも お世話(せわ)になっております。

A　渡辺(わたなべ)さんは いらっしゃいますか。

B　渡辺(わたなべ)は ただいま 出(で)かけておりますが。

お世話(せわ)になる
신세를 지다

ただいま
방금

出(で)かける
외출하다, 나가다

A　기무라라고 합니다만.

B　기무라 씨, 늘 신세를 지고 있습니다.

A　와타나베 씨는 계십니까?

B　와타나베는 지금 외출 중인데요.

Pattern Drill

✱ 보기처럼 주어진 말을 겸양표현으로 바꿔보세요.

보기

兄(あに)は今(いま)アメリカへ行(い)っています。　형은 지금 미국에 가 있습니다.

➜ 兄は今アメリカへ行っております。　형은 지금 미국에 가 있습니다.

① 父(ちち)は貿易会社(ぼうえきがいしゃ)に勤(つと)めています。　➜ ____________________ 。
아버지는 무역회사에 근무하고 계십니다.

② あの記事(きじ)はもう読(よ)んで知(し)っています。　➜ ____________________ 。
그 기사는 이미 읽어서 알고 있습니다.

③ わたくしは英語話(えいかいわ)を習(なら)っています。　➜ ____________________ 。
저는 영어회화를 배우고 있습니다.

07 정중의 표현

婦人服(ふじんふく)は 三階(さんがい)でございます。

여성복은 3층입니다.

です와 ます는 가장 많이 쓰이는 대표적인 정중 표현입니다.

● ~です・~ます ~입니다・~합니다

일본에서 가장 일반적인 정중한 표현은 です와 ます로 나타냅니다. 이것만 정확히 알고 있어도 큰 실수를 하지 않고 일본어를 잘 할 수 있습니다.

これは わたしの かばんです。
이것은 내 가방입니다.

わたしが 今(いま) 行(い)きます。
제가 지금 가겠습니다.

● ~でございます ~입니다

ございます는 あります의 정중한 표현이고, ~でございます는 ~です의 정중체입니다. 또한 상대방을 확인할 때는 ~でございますか라고 하지 않고, ~でいらっしゃいますか로 표현합니다.

お探(さが)しの 商品(しょうひん)は こちらでございます。
찾으시는 상품은 이쪽입니다.

紳士服(しんしふく)の 売場(うりば)は 三階(さんがい)に ございます。
신사복 매장은 3층에 있습니다.

山田(やまだ)さんでいらっしゃいますか。
야마다 씨이십니까?

Word

探(さが)す 찾다　商品(しょうひん) 상품　紳士服(しんしふく) 신사복　売場(うりば) 매장

A あの、すみません。

婦人服(ふじんふく)の 売場(うりば)は 何階(なんがい)ですか。

B 婦人服(ふじんふく)は 三階(さんがい)でございます。

A ありがとう ございます。紳士服(しんしふく)も 三階(さんがい)ですか。

B いいえ、四階(よんかい)でございます。

> 婦人服(ふじんふく) 여성복
> 何階(なんがい) 몇 층
> 三階(さんがい) 3층
> 四階(よんかい) 4층

A 저기, 실례합니다. 여성복 매장은 몇 층입니까?

B 여성복은 3층입니다.

A 감사합니다. 신사복도 3층입니까?

B 아니오. 4층입니다.

Pattern Drill

보기처럼 주어진 말을 정중표현으로 바꿔보세요.

보기

次(つぎ)は五階(ごかい)です。 다음은 5층입니다.

→ 次(つぎ)は五階(ごかい)でございます。 다음은 5층입니다.

① この靴(くつ)は高級品(こうきゅうひん)です。 → ________________。
이 구두는 고급품입니다.

② 受付(うけつけ)はあちらです。 → ________________。
접수처는 저쪽입니다.

③ 出口(でぐち)はこちらです。 → ________________。
출구는 이쪽입니다.

結構です

우리말에서 「됐습니다」의 의미로 사용되는 일본어의 **結構です**는 사무적으로 쓰이는 경우가 많습니다. 예를 들어 택시를 타고 목적지에 닿아 「여기서 됐습니다」라고 할 때 **ここで 結構です**라고 하면 됩니다. 그러나 **結構です**라는 말에 거절의 의미를 담을 경우 그 정도가 좀 강하므로 사용법에 신경을 써야 합니다. 화가 난 듯이 **結構です**라고 하면 상대방에게 불쾌감을 주게 됩니다. 완곡하게 거절할 때는 정중하게 **申し訳ありませんが**(죄송합니다만)… 라고 말하는 게 좋으며, **お食事はいかがですか**(식사를 하시겠습니까?)라고 권유를 받았을 때는 **さきほどすませましたので**…(아까 먹어서요…)라고 거절하는 것이 좋습니다. **いいです**라고 말하면 좀 통명스런 느낌을 줍니다.

일본인의 建前와 本音

タテマエ(겉마음)와 **ホンネ**(속마음)는 일본인 저널리스트가 자주 쓰는 말입니다. **タテマエ**는 「원리원칙으로서」라든가 「공식적으로는」라는 의미로 공적으로 인정받은 입장이나 객관적 입장에서의 견해를 말할 때 쓰입니다. 반대로 **ホンネ**는 그 사람의 진정한 마음이나 의도를 말할 때 쓰입니다.

예를 들면 저널리스트가 어느 정치가의 발언을 리포트할 때 タテマエ는 그 정치가가 말한 대로의 말이고, **ホンネ**는 그 발언의 저변에 있다고 생각되어지는 것을 가리킵니다. 이것은 일부러 누군가가 거짓말을 하고 있다는 것을 반드시 의미하지 않습니다. 일에 대해서 자기 자신의 기분 이상의 것을 배려하지 않으면 안 되는 장면에서 **タテマエ**와 **ホンネ** 사이에 미묘하면서 중요한 차이가 나는 것입니다.

진정한 자신을 보인다는 의미의 **本音を 吐く**라는 표현도 자주 쓰입니다. 문자대로 해석하면 진정한 자신을 입으로 내뱉는다는 뜻이지만, 일본인에 있어 **タテマエ**를 깨뜨리고 통하는 일이 얼마나 어려운지를 적잖이 나타내는 것이라고 말할 수 있을 것입니다.

부록 1

일본어 문법 단숨에 따라잡기

01 형용사

1. 형용사의 특징

① 자립어로 활용(活用)이 있다.
② 단독으로 술어(述語)가 된다.
③ 주로 사물의 성질이나 상태를 나타낸다.
④ 기본형의 어미는 반드시 い로 끝난다.

2. 형용사의 어간과 어미

우리말의 형용사는 의미로 분류하지만, 일본어의 형용사는 어미의 형태(い)로 분류한다. 일본어 형용사의 어미는 반드시 い로 끝난다.

기본형	어 간	어미	의 미
良い	よ	い	좋다
悪い	わる	い	나쁘다
長い	なが	い	길다
新しい	あたらし	い	새롭다
難しい	むずかし	い	어렵다

3. 형용사의 활용

형용사의 활용은 용법에 따라 어미 い가 かっ, かろ, く, けれ로 변하여 다른 여러 가지 말에 접속한다. 단, 동사와는 달리 명령형이 없으며, 의지나 권유의 뜻을 나타낼 수 없다.
참고로 이 책에서는 일본 학교문법의 틀을 달리하여 우리 실정에 맞게 필자의 의도대로 쉽게 활용의 명칭을 부여하였음을 일러둔다.

4. 형용사의 활용표

활용형	활용예	의 미	접속어
기본형	**ながい**	길다	기본형
종지형	**ながい**	길다	문(文)을 끝맺음
연체형	**ながい 時間**	긴 시간	체언
정중형	**ながいです**	깁니다	**です**
과거형	**ながかった**	길었다	**た**
조건형	**ながかったら**	길었다면	**たら**
열거형	**ながかったり**	길기도 하고	**たり**
추측형 1	**ながかろう**	길 것이다	**う**
추측형 2	**ながいだろう**	길 것이다	**だろう**
부사형	**ながく**	길게	용언
접속형	**ながくて**	길고	**て**
부정형	**ながくない**	길지 않다	**ない**
가정형	**ながければ**	길면	**ば**
명사형	**ながさ**	길이	**さ、み、け**

02 형용동사

1. 형용동사의 특징

① 자립어(自立語)이다

② 어미의 활용(活用)이 있고, 단독으로 술어가 된다.

③ 기본형의 어미는 だ이고, 문장체에서는 である로도 쓰인다.

④ 사물의 성질이나 상태를 나타낸다. 이 점은 형용사와 동일하지만 어미의 형태와 활용이 다르다.

2. 형용동사와 동사의 구별

일본어 형용사는 우리말과 달리 두 가지 형태가 있다. 앞서 배운 어미가 い로 끝나는 형용사와, 어미가 だ로 끝나는 형용사가 있는데, 이것을 문법에서는 형용동사라고 한다. 형태만 다를 뿐 상태나 성질을 표현하는 점에서는 동일하다. 그러나 형용동사는 어간이 명사적인 성질이 강한 것이 많다. 우리말의 「명사＋하다」의 형식으로 명사가 동작성이 있는 것(공부하다, 운동하다 등)은 동사이지만, 상태를 나타내는 경우(편리하다, 유명하다 등)는 형용사가 된다. 따라서 우리말의 「명사＋하다」로 되는 형용사의 경우는 대부분 일본어의 형용동사에 해당한다.

有名だ(유명하다)·형용동사　　**勉強する**(공부하다)·동사

便利だ(편리하다)·형용동사　　**運動する**(운동하다)·동사

3. 형용동사의 어간과 어미

기본형	어 간	어 미	의 미
静かだ	静か	だ	조용하다
有名だ	有名	だ	유명하다
好きだ	好き	だ	좋아하다
豊かだ	豊か	だ	풍부하다

4. 형용동사의 활용표

활용형	활용예	의 미	접속어
기본형	静かだ	조용하다	문(文)을 끝맺음
추측형	静かだろう	조용할 것이다	う
과거형	静かだった	조용했다	た
조건형	静かだったら	조용하다면	たら
열거형	静かだったり	조용하기도 하고	たり
중지형	静かで	조용하고(하며)	
정중형	静かです	조용합니다	です
부정형	静かでない	조용하지 않다	ない
연체형	静かな とき	조용할 때	체언
가정형	静かなら(ば)	조용하면	ば
부사형	静かに	조용히	용언

5. 형용동사의 활용 예

有名だ(ゆうめい)

有名だ	유명하다
有名だろう	유명할 것이다
有名だった	유명했다
有名だったら	유명하다면
有名だったり	유명하기도 하고
有名で	유명하고, 유명해서
有名です	유명합니다
有名でない	유명하지 않다
有名な とき	유명할 때
有名なら(ば)	유명하면
有名に	유명하게

03 동사

1. 일본어 동사의 특징

① 자립어로 활용을 하며 단독으로 술어가 된다.

② 주로 사물의 동작·작용·존재를 나타낸다.

③ 모든 동사의 어미는 う단(段)으로 끝나며 9가지가 있다.

④ 모든 동사가 규칙적으로 정격활용을 하고, 불규칙적으로 활용하는 변격동사는 두 가지뿐이다.

⑤ 자동사와 타동사가 따로 분리되어 있으며, 예외적으로 자·타동사가 한 단어에 포함되어 있는 동사도 있다.

2. 동사의 종류

(1) 5단활용동사(五段活用動詞)

줄여서 5단동사라고도 하며, 어미가 く·ぐ·つ·る·う·ぬ·ぶ·む·す로 모두 9가지가 있다.

書く [ka ku]	쓰다	
泳ぐ [oyo gu]	헤엄치다	
待つ [ma tsu]	기다리다	
乗る [no ru]	타다	
言う [i u]	말하다	어미가 う단 으로 끝난다
死ぬ [si nu]	죽다	
遊ぶ [aso bu]	놀다	
読む [yo mu]	읽다	
話す [hana su]	이야기하다	

(2) 상1단활용동사(上一段活用動詞)

줄여서 상1단동사라고도 하며 끝 음절이 る이며, る바로 앞의 음절이 い단에 속한 것을 말한다.

見る [mi ru]	보다	끝 음절이 る이다
起きる [oki ru]	일어나다	

(3) 하1단활용동사(下一段活用動詞)

상1단동사와 마찬가지로 끝 음절이 る이며, る 바로 앞 음절이 え단에 속한 것을 말한다.

寝る [ne ru]	자다	끝 음절이 る이다
食べる [tabe ru]	먹다	

(4) 변격활용동사(変格活用動詞)

변칙적으로 활용을 하는 동사는 くる(오다)와 する(하다)뿐이다.

3. 동사의 구별 방법

동사의 종류를 구별하는 이유는 각기 활용이 다르기 때문이다. 매우 중요하므로 잘 익혀두어야 한다.

행 / 단	あ行	か行	が行	さ行	た行	な行	ば行	ま行	ら行	비고
あ段	あ a	か ka	が ga	さ sa	た ta	な na	ば ba	ま ma	ら ra	5단동사결정
い段	い i	き ki	ぎ gi	し si	ち chi	に ni	び bi	み mi	り ri	상1단동사 결정
う段	う u	く ku	ぐ gu	す su	つ tsu	ぬ nu	ぶ bu	む mu	る ru	동사 어미
え段	え e	け ke	げ ge	せ se	て te	ね ne	べ be	め me	れ re	하1단동사 결정
お段	お o	こ ko	ご go	そ so	と to	の no	ぼ bo	も mo	ろ ro	5단동사결정

4. 동사의 활용

일본어 동사도 우리말의 동사와 마찬가지로 뒤에 접속되는 말에 따라 어미가 변한다. 이것을 활용(活用)이라고 한다.

일본어 동사의 활용형의 용어는 학교문법과 외국인을 대상으로 하는 사회문법으로 구분된다. 이 책에서는 학교문법에서 쓰이는 용어를 이해하기 쉽도록 여러 가지 접속어에 따라 분류하였다.

활용형	접속어	예	의 미
기본형	文을 끝맺음	のむ	마시다
부정형	ない	のまない	마시지 않다
중지형	文을 중지함	のみ	마심
정중형	ます	のみます	마십니다
과거형	た	のんだ	마셨다
조건형	たら	のんだら	마신다면
열거형	たり	のんだり	마시기도 하고
접속형	て	のんで	마시고
연체형	체언	のむ 時	마실 때
가정형	ば	のめば	마시면
명령형	명령으로 끝맺음	のめ	마셔라
가능형	eる	のめる	마실 수 있다
의지형	う、よう	のもう	마시자

5. 동사의 음편

5단동사에서 어미의 형태에 따라 음이 い, っ, ん으로 변하는 것을 음편(音便)이라고 한다.

① 접속조사 て가 이어질 때,
② 과거·완료를 나타내는 조동사 た가 접속할 때
③ た의 조건형인 たら가 접속할 때
④ 동작을 나열할 때 쓰이는 조사 たり가 접속할 때

(1) い音便

어미가 く, ぐ로 끝나는 5단동사는 어미가 い로 바뀌어 접속조사 て가 접속된다. 단, ぐ로 끝나는 동사는 어미 音의 영향을 받아 で로 탁음화된다.

어미	て	기본형	て형
~く	~いて	歩く	歩いて
~ぐ	~いで	泳ぐ	泳いで

(2) つまる音便

어미가 つ, る, う로 끝나는 5단동사에 접속조사 て가 이어질 때 어미는 促音(っ)으로 바뀐다.

어미	て	기본형	て형
~つ	~って	待つ	待って
~る	~って	乗る	乗って
~う	~って	会う	会って

(3) はねる音便

어미가 む, ぶ, ぬ로 끝나는 5단동사에 접속조사 て가 이어질 때 어미는 撥音(ん)으로 바뀐다. 이 때 접속조사 て는 撥音의 영향을 받아 で로 변한다.

어미	て	기본형	て형
~む	~んで	読む	読んで
~ぶ	~んで	呼ぶ	呼んで
~ぬ	~んで	死ぬ	死んで

(4) 例外

5단동사 중에 어미가 す로 끝나는 것은 ます가 접속될 때와 마찬가지로 음편을 하지 않는다. 또, 단 하나 行く(가다)는 い音便을 하지 않고 つまる音便을 한다.

04 조동사

1. 조동사란?

조동사(助動詞)란 활용을 하는 부속어로 체언에 접속되는 것도 있지만, 주로 용언에 접속되어 여러 가지 구체적인 의미를 첨가하여, 그 표현의 내용을 보다 확실하게 해 주는 품사이다.

① これは 鉛筆だ。 이것은 연필이다.
② 僕は 学校へ 行った。 나는 학교에 갔다.
③ まるで 夢のようだ。 마치 꿈과 같다.

위의 예문 1)의 조동사 だ는 단정의 의미를, 2)의 조동사 た는 과거·완료의 의미를, 3)의 조동사 ようだ는 비유의 뜻을 나타낸다.

2. 조동사의 특징

① 부속어이다. 부속어란 자립어에 대응하는 것으로 단독으로 문절을 이룰 수 없고, 10품사 중에 조동사와 조사 두 품사가 이에 속한다.
② 활용이 있다. 같은 부속어 중에서도 조사는 활용이 없고, 조동사는 활용이 있다.
③ 주로 용언에 접속하며 체언이나 조사에도 접속하는 경우가 있다.
④ 술어에 여러 가지 뜻을 덧붙여 그 뜻을 확실하게 하는 구실을 한다.

3. 조동사의 분류

(1) 활용상의 분류

활 용	조 동 사
동　　사	～せる·させる / れる·られる / たがる
형 용 사	～ない / たい / らしい
형용동사	～そうだ / ようだ / だ
특수활용	～ます / です / た / ぬ
무 변 화	～う·よう / まい

(2) 의미상 분류

분 류	조동사	의 미
사 역	**~せる·させる**	~시키다
수 동	**~れる·られる**	~받다, 당하다
가 능	**~れる·られる**	~할 수 있다
자 발	**~れる·られる**	~되다
존 경	**~れる·られる**	~하시다
단정 1	**~だ**	~이다
단정 2	**~です**	~입니다
정 중	**~ます**	~ㅂ니다
부 정	**~ない、ぬ**	~지 않다
추 측	**~ようだ**	~ㄹ 것 같다
비 유	**~ようだ**	~ㄹ 듯하다
예 시	**~ようだ**	~ㄹ 것 같다
과 거	**~た**	~했다
희망 1	**~たい**	~하고 싶다
희망 2	**~たがる**	~하고 싶어하다
부정추측	**~まい**	~지 않을 것이다
부정의지	**~まい**	~지 않겠다
추 정	**~らしい**	~ㄹ 것 같다
의 지	**~う、よう**	~ㄹ 것이다
전 문	**~そうだ**	~라고 한다
양 태	**~そうだ**	~것 같다

(3) 접속상 분류

접속형	조 동 사
부정형	**~せる·させる / れる·られる / ない / ぬ**
중지형	**~たい·たがる / ます / そうだ**(양태)
과거형	**~た**
기본형	**~そうだ**(전문) **/ らしい / まい**
연체형	**~ようだ**
의지형	**~う·よう**
체 언	**~らしい / だ / です**

05 조사

1. 격조사

격조사는 그 자체가 접속된 문절이 어떤 자격으로 다른 말에 관계를 미치는가를 나타내는 조사이다. 격(格)이란 자격이란 뜻이며, 체언이 하나의 문(文) 가운데 다른 말에 대하여 갖는 관계를 말한다.

~が	~이(가)	**先生が 教える。** 선생님이 가르친다.
~の	~이(가)	**天気の よい ときが よい。** 날씨가 좋을 때가 좋다.
~の	~의	**ぼくの カメラです。** 나의(내) 카메라입니다.
~を	~을(를)	**書店で 本を 買う。** 서점에서 책을 사다.
~へ	~에	**朝早く 学校へ 行く。** 아침 일찍 학교에 가다.
~に	~에	**電車に 乗って 会社に 行く。** 전철을 타고 회사에 가다.
~で	~에서	**犬を 連れて 公園で 遊ぶ。** 개를 데리고 공원에서 놀다.
~と	~와(과)	**りんごと なしを 食べる。** 사과와 배를 먹다.
~や	~랑	**鉛筆や ノート などを 買う。** 연필이랑 노트 등을 사다.

2. 접속조사

접속조사는 용언 또는 용언에 접속된 조동사에 접속되어 문절을 만들고 마치 접속사처럼 앞 문(文)과 다음 문(文)을 접속시키는 조사이다.

~ば	~하면	風が 吹けば 遠足は 中止しよう。 바람이 불면 소풍은 중지하겠다.
~ので	~해서	雨が 降ったので 散歩を 止めた。 비가 내려서 산책을 그만두었다.
~ても	~해도	苦しくても 一生けんめい 働こう。 괴로워도 열심히 일하자.
~けれども	~하지만	酒を 飲んだけれども 酔わない。 술을 마셨지만 취하지 않는다.
~ながら	~하면서	音樂を 聞きながら 勉強を する。 음악을 들으면서 공부를 하다.
~し	~하고	ラジオも 聞くし、テレビも 見る。 라디오를 듣고 텔레비전도 보다.
~たり	~하기도 하고	酒を 飲んだり 遊んだり する。 술을 마시기도 하고 놀기도 한다.
~て	~하여, 하고	花が 咲いて 実が なる。 꽃이 피고 열매가 맺다.

3. 부조사

부조사는 체언·용언은 물론, 여러 가지 말에 접속하여 구체적인 의미를 첨가해 주는 조사이다. 격조사가 부속한 말의 자격 관계를 나타내는 것이라면, 부조사는 앞의 말이 뒤의 말에 대해서 마치 부사처럼 수식하는 것이다.

~は	~은(는)	バラの花は 美しい。 장미꽃은 아름답다.
~だけ	~만(뿐)	ただ 見るだけです。 그저 볼뿐입니다.
~も	~도	赤くも、白くも ない。 빨갛지도 하얗지도 않다.
~さえ	~조차(만)	静かでさえ あれば よい。 조용하기만 하면 된다.
~しか	~밖에	少ししか ありません。 조금밖에 없습니다.

~こそ	~이야말로	だからこそ 成績が よい。 그렇기 때문에 성적이 좋다.
~でも	~라도	人に 見られるでも したら 困る。 남에게 보여지기라도 하면 곤란하다.
~だけ	~만	君にだけ 教える。 너에게만 가르친다.
~ては	~해서는	早く 帰っては いけない。 일찍 돌아와서는 안 된다.
~ばかり	~만, 뿐	こればかりは 駄目だ。 이것만은 안 된다.

4. 종조사

종조사는 체언과 용언, 기타 여러 가지 말에 접속하여 의문·금지·감동·강조 등의 의미를 나타내는 조사이다. 종조사는 종조사끼리 중복되어 접속하기도 하며, 문절이 끊기는 부분, 또는 문말에 접속하는 성질이 있다.

명　사	これは 誰の めがねか。 이것은 누구 안경이냐?
동　사	今、どこへ 行くか。/ うん、行くとも。 지금 어디에 가느냐? / 응, 가고말고.
형 용 사	この 花、美しいね。たいへん 広いな。 이 꽃 예쁘군. 굉장히 넓구나.
형용동사	彼は まじめだよ。/ ほんとうに 便利だね。 그는 착실해. / 정말 편리하군.
접 속 사	それでね、あれを 見に 行ったんだよ。 그래서 말이야, 그걸 보러 갔던 거야.
조 동 사	勉強しますよ。/ あれは 雑誌ですね。 공부하겠어요. / 저건 잡지군요.
조　사	あれはね、怠け者だよ。 저건은 말이야, 게으름뱅이야.
종 조 사	この 料理、とても おいしいわよ。 이 요리, 매우 맛있어요.

부록

2

주제별
일본어 단어

01 입는 것

의복 전반

옷 [服] ふく
의복 [衣服] いふく
제복 [制服] せいふく
교복 [学生服] がくせいふく
의상 [衣装] いしょう
복장 [服装] ふくそう
옷차림 [身なり] みなり
멋 [粋] いき
깃, 칼러 [襟] えり
주머니 [巾着] きんちゃく
호주머니 [懐] ふところ
[ポケット]
소매 [袖] そで
긴소매 [長袖] ながそで
반소매 [半袖] はんそで
민소매 [袖なし] そでなし

옷의 재료

옷감 [服の材料] ふくのざいりょう
천 [布] ぬの
헝겊 [布切れ] ぬのぎれ
솜 [綿] わた
가죽 [皮・革] かわ
단추 [ボタン]
바늘 [針] はり
실 [糸] いと
골무 [指抜き] ゆびぬき
직물 [織物] おりもの
편물 [編み物] あみもの
니트 [ニット]
면, 목면 [綿] めん
실크 [シルク]
[絹] きぬ
폴리에스텔 [ポリエステル]
스판 [スパン]
우레탄 [ウレタン]
비닐 [ビニール]
염료 [染料] せんりょう
염색 [染色] せんしょく
무늬 [柄] がら
봉제 [縫製] ほうせい
재봉틀 [ミシン]
모피 [毛皮] けがわ
모직물, 울 [ウール]
줄무늬 [縞模様] しまもよう
꽃무늬 [花模様] はなもよう
물방울무늬 [水玉模様] みずたまもよう
체크무늬 [チェック]

복식

기성복 [既製服] きせいふく
[レディーメード]
맞춤복 [オーダーメード]
정장 [正装] せいそう
평상복 [普段着] ふだんぎ
나들이옷 [訪問着] ほうもんぎ
[よそ行き] よそゆき
신사복 [紳士服] しんしふく
여성복 [婦人服] ふじんふく
아동복 [子供服] こどもふく
일본전통옷 [和服] わふく
양복 [背広] せびろ
[スーツ]
바지 [ズボン]
치마, 스커트 [スカート]
윗도리 [上衣] うわぎ
셔츠 [シャツ]
외투 [外套] がいとう
코트 [コート]
스웨터 [セーター]
비옷 [レインコート]
겉옷 [上着] うわぎ
속옷, 내의 [下着] したぎ

잠옷 [寝巻き] ねまき
파자마 [パジャマ]
에프란 [エプロン]
벨트, 허리띠 [ベルト]
넥타이 [ネクタイ]
신발, 신 [履物] はきもの
구두 [靴] くつ
슬리퍼 [スリッパ]
샌들 [サンダル]
스니커 [スニーカー]
부츠 [ブーツ]
안경 [メガネ]
양말 [靴下] くつした
스타킹 [ストッキング]
장갑 [手袋] てぶくろ
머플러 [マフラー]
모자 [帽子] ぼうし
손수건 [ハンカチ]
액세서리 [アクセサリー]
반지 [指輪] ゆびわ
귀걸이 [イヤリング]
목걸이 [ネックレス]
브로치 [ブローチ]
팔찌 [ブレスレット]
가발 [かつら]
우산 [傘] かさ
[雨傘] あまがさ
양산 [日傘] ひがさ
가방 [カバン]
지갑 [財布] さいふ

화장과 청결

화장 [化粧] けしょう
청결 [清潔] せいけつ
화장품 [化粧品] けしょうひん
화장수 [化粧水] けしょうすい
로션 [ローション]
립스틱 [口紅] くちべに
드라이어 [ドライヤー]
면도, 면도기 [髭剃り] ひげそり
손톱깎이 [爪切り] つめきり
귀이개 [耳かき] みみかき
빗 [櫛] くし
칫솔 [歯ブラシ] はブラシ
치약 [歯磨き粉] はみがきこ
비누 [石鹸] せっけん
샴푸 [シャンプー]
린스 [リンス]
수건 [手拭い] てぬぐい
타월 [タオル]
세수 [洗面] せんめん
목욕 [入浴] にゅうよく
양치질 [歯磨き] はみがき
이발 [理髪] りはつ
미용 [美容] びよう
이발소 [理髪店] りはつてん
미장원 [美容院] びよういん
파마 [パーマ]
컷, 커트 [カット]
머리를 말다 [セット]

02 먹는 것

음식 전반

요리 [料理] りょうり
영양 [栄養] えいよう
음식 [食べ物] たべもの
음주 [飲酒] いんしゅ
금주 [禁酒] きんしゅ
과음 [飲み過ぎ] のみすぎ
과식 [食べ過ぎ] たべすぎ
포식 [飽食] ほうしょく
폭주, 폭음 [暴飲] ぼういん
숙취 [二日酔い] ふつかよい
대식가 [大食い] おおぐい
소식 [小食] しょうしょく

식사와 외식

식사 [食事] しょくじ
외식 [外食] がいしょく
미식, 미식가 [グルメ]
곱빼기 [大盛り] おおもり
각자부담 [割り勘] わりかん
한식 [韓国食] かんこくしょく
일식 [日本食] にほんしょく
양식 [洋食] ようしょく
중국식 [中華料理] ちゅうかりょうり
정식 [定食] ていしょく
메뉴 [メニュー]
식단 [献立] こんだて
식권 [食券] しょっけん
물수건 [おしぼり]
아침 [朝食] ちょうしょく
점심 [昼食] ちゅうしょく
저녁 [夕食] ゆうしょく
간식 [お八つ] おやつ
밤참 [夜食] やしょく
식당 [食堂] しょくどう
레스토랑 [レストラン]
포장마차 [屋台] やたい
다방 [喫茶店] きっさてん
카페 [カフェ]
술집 [飲み屋] のみや
선술집 [居酒屋] いざかや

요리 일반

주식 [主食] しゅしょく
부식 [副食] ふくしょく
반찬 [おかず]
밥 [ご飯] ごはん
진지 [お食事] おしょくじ
도시락 [弁当] べんとう
팥밥 [赤飯] せきはん
보리밥 [麦ご飯] むぎごはん
떡 [餅] もち
죽 [粥] かゆ
국, 국 종류 [汁物] しるもの
[スープ]
빵 [パン]
식빵 [食パン] しょくパン
국물 [汁] しる

일본요리

회 [刺身] さしみ
주먹밥 [おにぎり]
초밥 [寿司] すし
된장국 [味噌汁] みそしる
튀김 [天ぷら] てんぷら
덮밥 [丼] どんぶり
쇠고기덮밥 [牛丼] ぎゅうどん
튀김덮밥 [天丼] てんどん
장어덮밥 [うなぎ丼] うなぎどんぶり
샤부샤부 [シャブシャブ]
스키야키 [スキヤキ]
우동 [うどん]
유부국수 [きつねうどん]
메밀국수 [かけそば]
수제비 [すいとん]
볶음밥 [焼き飯] やきめし
볶음국수 [焼きそば] やきそば
생선조림 [煮魚] にざかな
단무지 [たくわん]
야채절임 [漬物] つけもの
어묵 [おでん]
돈가스 [トンカツ]
라면 [ラーメン]

서양요리

카레라이스 [カレーライス]
스파게티 [スパゲッティ]
피자 [ピザ]
샌드위치 [サンドイッチ]

샐러드 [サラダ]
햄버거 [ハンバーガー]
바비큐 [バーベキュー]

디저트와 과자류

디저트 [デザート]
과자 [菓子] かし
생과자 [生菓子] なまがし
사탕 [キャンデー]
케이크 [ケーキ]
핫도그 [ホットドッグ]
아이스크림 [アイスクリーム]
셔벗 [シャーベット]
팥빙수 [氷小豆] こおりあずき
젤리 [ゼリー]
쿠키 [クッキー]
비스킷 [ビスケット]
도넛 [ドーナツ]
카스텔라 [カステラ]
푸딩 [プリン]
초콜릿 [チョコレート]

음료

마실 것 [飲み物] のみもの
음료수 [飲料水] いんりょうすい
얼음 [氷] こおり
물 [水] みず
찬물 [お冷] おひや
더운물 [お湯] おゆ
뜨거운 물 [熱湯] ねっとう
차 [お茶] おちゃ
보리차 [麦茶] むぎちゃ
홍차 [紅茶] こうちゃ
우유 [牛乳] ぎゅうにゅう
커피 [コーヒー]
주스 [ジュース]
콜라 [コーラ]
사이다 [サイダー]

주류

술 [酒] さけ
약주 [お酒] おさけ
맥주 [ビール]
생맥주 [生ビール] なまビール
병맥주 [瓶ビール] びんビール
소주 [焼酎] しょうちゅう
청주 [日本酒] にほんしゅ
매실주 [梅酒] うめしゅ
양주 [洋酒] ようしゅ
샴페인 [シャンパン]
브랜디 [ブランデー]
와인 [ワイン]
포도주 [ブドウ酒] ブドウしゅ
막걸리 [濁り酒] にごりざけ
안주 [酒の肴] さけのさかな
건배 [乾杯] かんぱい
술을 못하는 사람 [下戸] げこ
술고래 [上戸] じょうご
주정뱅이 [酔っ払い] よっぱらい

식재료

식료품 [食料品] しょくりょうひん
고기 [肉] にく
쇠고기 [牛肉] ぎゅうにく
돼지고기 [豚肉] ぶたにく
명란 [明太子] めんたいこ
닭고기 [鶏・鳥肉] とりにく
달걀, 알 [卵・玉子] たまご
두부 [豆腐] とうふ
버터 [バター]
치즈 [チーズ]
통조림 [缶詰] かんづめ
밀가루 [小麦粉] こむぎこ
잼 [ジャム]
꿀 [蜂蜜] はちみつ
엿 [飴] あめ

조미료

조미료	[調味料] ちょうみりょう
깨	[ごま]
식초, 초	[酢] す
후추	[コショウ]
설탕	[砂糖] さとう
소금	[塩] しお
장, 간장	[醤油] しょうゆ
된장	[味噌] みそ
기름	[油] あぶら
참기름	[ごま油] ごまあぶら
겨자	[芥子] からし
고추냉이	[わさび]

조리법

만드는 법	[作り方] つくりかた
조리	[調理] ちょうり
잘게 썲	[みじんぎり]
토막 침	[ぶつ切り] ぶつぎり
채침	[せん切り] せんぎり
조림	[煮物] にもの
볶음	[炒め物] いためもの
구이	[焼き物] やきもの
튀김	[揚げ物] あげもの
날것	[なま物] なまもの
맛냄	[味つけ] あじつけ
맛봄	[味見] あじみ
인스턴트	[インスタント]
볶다	[炒める] いためる
찌다	[蒸す] むす
	[蒸かす] ふかす
데치다	[湯がく] ゆがく
굽다	[焼く] やく
튀기다	[揚げる] あげる
끓이다	[煮る] にる
삶다	[茹でる] ゆでる
푹 끓이다	[煮込む] にこむ
조리다	[煮付ける] につける
맛보다	[味見する] あじみする
냉동	[冷凍] れいとう
해동	[解凍] かいとう

맛

맛	[味] あじ
식욕	[食欲] しょくよく
단맛	[甘み] あまみ
쓴맛	[苦味] にがみ
간	[塩加減] しおかげん
신맛	[酸味] さんみ

맛을 나타내는 형용사

맛있다	[美味しい] おいしい
맛없다	[まずい]
싱겁다	[味が薄い] あじがうすい
진하다	[味が濃い] あじがこい
맵다	[辛い] からい
짜다	[塩辛い] しおからい
달다	[甘い] あまい
시다	[酸っぱい] すっぱい
쓰다	[苦い] にがい
떫다	[渋い] しぶい
느끼하다	[脂っこい] あぶらっこい
향기롭다	[芳ばしい] こうばしい
구수하다	[風味がよい] ふうみがよい
비리다	[生臭い] なまぐさい

03 주거

주거 전반

집	[家] いえ
주택	[住宅] じゅうたく
주거	[住居] じゅうきょ
댁	[お宅] おたく
부동산소개소	[不動産屋] ふどうさんや
맨션, 아파트	[マンション]

연립주택 [アパート]
사택 [社宅] しゃたく
단독주택 [一戸建て] いっこだて
지하 [地下] ちか
이사 [引越し] ひっこし
임대 [賃貸] ちんたい
집세 [家賃] やちん
자기 집 [持ち家] もちいえ
셋집 [借家] しゃくや
셋방 [借間] しゃくま
집주인 [大家] おおや
하숙 [下宿] げしゅく
자취 [自炊] じすい

주거의 구조

양실 [洋室] ようしつ
다다미방 [和室] わしつ
원룸 [ワンルーム]
방 [部屋] へや
서재 [書斎] しょさい
거실 [居間] いま
응접실 [応接間] おうせつま
침실 [寝室] しんしつ
화장실 [トイレ]
목욕탕 [風呂] ふろ
욕실 [浴室] よくしつ
샤워 [シャワー]
부엌 [台所] だいどころ
싱크대 [流し台] ながしだい
차고 [車庫] しゃこ
현관 [玄関] げんかん
입구 [入口] いりぐち
출구 [出口] でぐち
복도 [廊下] ろうか
마루 [板の間] いたのま
창, 창문 [窓] まど
문 [ドア]
대문 [正門] せいもん
뒷문 [裏口] うらぐち
계단 [階段] かいだん
천정 [天井] てんじょう
지붕 [屋根] やね
기둥 [柱] はしら
담 [塀] へい
벽 [壁] かべ
울타리 [垣根] かきね
마당 [庭] にわ
정원 [庭園] ていえん
바닥 [床] ゆか
수도 [水道] すいどう
수도꼭지 [蛇口] じゃぐち
가스 [ガス]
전기 [電気] でんき

가구와 세간

가구 [家具] かぐ
의자 [椅子] いす
책상 [机] つくえ
책꽂이 [本立て] ほんたて
책장 [本棚] ほんだな
식탁 [食卓] しょくたく
테이블 [テーブル]
거울 [鏡] かがみ
카펫 [カーペット]
융단 [絨毯] じゅうたん
커튼 [カーテン]
소파 [ソファ]
쿠션 [クッション]

가전류

가전제품 [家電製品] かでんせいひん
냉장고 [冷蔵庫] れいぞうこ
전자레인지 [電子レンジ] でんしレンジ
가스레인지 [ガステーブル]
전기밥솥 [電気釜] でんきがま
토스터기 [トースター]

청소기 [掃除機] そうじき
세탁기 [洗濯機] せんたくき
다리미 [アイロン]
라디오 [ラジオ]
텔레비전 [テレビ]
비디오 [ビデオ]
시계 [時計] とけい
카메라 [カメラ]
전구 [電球] でんきゅう
전기스탠드 [電気スタンド] でんきスタンド
전등 [電灯] でんとう
스위치 [スイッチ]
전원 [電源] でんげん
콘센트 [コンセント]
플러그 [プラグ]
건전지 [乾電池] かんでんち

냉난방

난방 [暖房] だんぼう
냉방 [冷房] れいぼう
에어컨 [エアコン]
난로 [ストーブ]
선풍기 [扇風機] せんぷうき
부채 [団扇] うちわ
가습기 [加湿器] かしつき

침구류

침대 [ベッド]
침구 [寝具] しんぐ
방석 [座布団] ざぶとん
이불 [布団] ふとん
담요 [毛布] もうふ
베개 [枕] まくら
시트 [シーツ]

가사와 부엌용품

그릇 [器] うつわ
식기 [食器] しょっき
가마솥 [釜] かま
냄비 [なべ]
프라이팬 [フライパン]
숟가락 [スプーン]
[さじ]
젓가락 [箸] はし
수저 [匙] さじ
포크 [フォーク]
접시 [皿] さら
글라스 [グラス]
컵 [コップ]
쟁반 [盆] ぼん
나이프 [ナイフ]
식칼 [包丁] ほうちょう
도마 [まな板] まないた
밥그릇 [茶碗] ちゃわん
주전자 [やかん]
소쿠리 [ざる]
주걱 [しゃもじ]
국자 [お玉] おたま
빨대 [ストロー]
이쑤시개 [ようじ]
보온병 [魔法瓶] まほうびん
병따개 [栓抜き] せんぬき
비 [ほうき]
쓰레받기 [ちりとり]
양동이 [バケツ]
걸레 [雑巾] ぞうきん
마포걸레 [モップ]
세제 [洗剤] せんざい
행주 [布巾] ふきん
휴지 [ちり紙] ちりがみ
화장지 [トイレットペーパー]
휴지통 [くずかご]
쓰레기통 [ゴミ箱] ゴミばこ
솔 [はけ]
[ブラシ]
대야 [たらい]

04 인체와 건강

건강 전반

수명 [寿命] じゅみょう
육체 [肉体] にくたい
정신 [精神] せいしん
힘 [力] ちから
기운 [元気] げんき
생명 [生命] せいめい
목숨 [命] いのち
건강 [健康] けんこう

인체의 명칭

몸 [体] からだ
신체 [身体] しんたい
인체 [人体] じんたい
온몸, 전신 [全身] ぜんしん
머리 [頭] あたま
머리카락 [髪の毛] かみのけ
얼굴 [顔] かお
낯 [顔面] がんめん
이마 [額] ひたい
뺨 [頬] ほお
보조개 [えくぼ]
눈 [目] め
눈동자 [瞳] ひとみ
눈썹 [眉] まゆ
속눈썹 [まつげ]
코 [鼻] はな
입 [口] くち
입술 [唇] くちびる
이, 이빨 [歯] は
혀 [舌] した
귀 [耳] みみ
턱 [顎] あご
목 [首] くび
어깨 [肩] かた
등 [背中] せなか
가슴 [胸] むね
젖 [乳] ちち
겨드랑이 [脇] わき
고개 [首] くび
옆구리 [脇] わき
허리 [腰] こし
배 [腹] はら
배꼽 [臍] へそ
엉덩이 [尻] しり
무릎 [膝] ひざ
다리 [足] あし
팔 [腕] うで
손 [手] て
발 [足] あし
주먹 [こぶし]
맨손 [素手] すで
맨발 [素足] すあし
손톱 [手の爪] てのつめ
발톱 [足の爪] あしのつめ
손가락 [手の指] てのゆび
발가락 [足の指] あしのゆび
손목 [手首] てくび
발목 [足首] あしくび
복사뼈 [くるぶし]
관절 [関節] かんせつ
뇌 [脳] のう
뼈 [骨] ほね
척추 [脊椎] せきつい
근육 [筋肉] きんにく
피부 [皮膚] ひふ
수염 [髭] ひげ
털 [毛] け

생리현상

생리 [生理] せいり
열 [熱] ねつ
땀 [汗] あせ
식은땀 [冷や汗] ひやあせ

눈물 [涙] なみだ
때 [垢] あか
콧물 [鼻水] はなみず
호흡 [呼吸] こきゅう
숨 [息] いき
기침 [咳] せき
재채기 [くしゃみ]
하품 [あくび]
방귀 [おなら]
똥 [うんこ]
오줌 [おしっこ]
대변 [大便] だいべん
소변 [小便] しょうべん
침 [唾] つば
수면 [睡眠] すいみん
잠 [眠り] ねむり
낮잠 [昼寝] ひるね
늦잠 [朝寝坊] あさねぼう
잠꼬대 [寝言] ねごと
딸꾹질 [しゃっくり]
트림 [げっぷ]
기지개 [伸び] のび

병

병 [病気] びょうき
질병 [疾病] しっぺい
지병 [持病] じびょう
급성 [急性] きゅうせい
만성 [慢性] まんせい
양성 [陽性] ようせい
음성 [陰性] いんせい
악성 [悪性] あくせい
암 [癌] がん
천식 [ぜん息] ぜんそく
간질 [てんかん]
부상 [怪我] けが
중상 [重傷] じゅうしょう
경상 [軽傷] けいしょう
감기 [風邪] かぜ
몸살 [疲れ病] つかれびょう
배탈 [腹痛] ふくつう
설사 [下痢] げり
변비 [便秘] べんぴ
피로 [疲労] ひろう
현기증 [目眩] めまい
치석 [歯石] しせき
충치 [虫歯] むしば
무좀 [水虫] みずむし
알레르기 [アレルギー]
골절 [骨折] こっせつ
염좌 [捻挫] ねんざ
염증 [炎症] えんしょう
부스럼, 종기 [出来物] できもの
혹 [こぶ]
고름 [膿] うみ
충혈 [充血] じゅうけつ
치통 [歯痛] しつう
두통 [頭痛] ずつう
복통 [腹痛] ふくつう
생리통 [生理痛] せいりつう
소화불량 [消化不良] しょうかふりょう
식욕부진 [食欲不振] しょくよくふしん
수면부족 [睡眠不足] すいみんふそく
불면증 [不眠症] ふみんしょう
식중독 [食中毒] しょくちゅうどく
노이로제 [ノイローゼ]
스트레스 [ストレス]
고통 [苦痛] くつう
꾀병 [仮病] けびょう
비만 [肥満] ひまん
증세 [症状] しょうじょう
악화 [悪化] あっか
위독 [危篤] きとく
회복 [回復] かいふく
중독 [中毒] ちゅうどく
소화 [消化] しょうか

의료

의료 [医療] いりょう
종합검진 [総合検診] そうごうけんしん
신체검사 [身体検査] しんたいけんさ
위생 [衛生] えいせい
면역 [免疫] めんえき
세균 [細菌] さいきん
바이러스 [ウイルス]
현미경 [顕微鏡] けんびきょう
외래 [外来] がいらい
통원 [通院] つういん
입원 [入院] にゅういん
퇴원 [退院] たいいん
병실 [病室] びょうしつ
진찰실 [診察室] しんさつしつ
진단서 [診断書] しんだんしょ
처방전 [処方箋] しょほうせん
헌혈 [献血] けんけつ
수혈 [輸血] ゆけつ
간호 [看護] かんご
진단 [診断] しんだん
진찰 [診察] しんさつ
수술 [手術] しゅじゅつ
마취 [麻酔] ますい
치료 [治療] ちりょう
응급조치 [応急手当] おうきゅうてあて
주사 [注射] ちゅうしゃ
예방접종 [予防接種] よぼうせっしゅ
링거 [点滴] てんてき

병원

보건소 [保健所] ほけんじょ
병원 [病院] びょういん
종합병원 [総合病院] そうごうびょういん
의료보험 [医療保険] いりょうほけん
의사 [医師] いし
[医者] いしゃ
전문의 [専門医] せんもんい
개업의 [開業医] かいぎょうい
간호사 [看護婦] かんごふ
약사 [薬剤師] やくざいし
환자 [患者] かんじゃ
병자 [病人] びょうにん
내과 [内科] ないか
외과 [外科] げか
정형외과 [整形外科] せいけいげか
성형외과 [形成外科] けいせいげか
피부과 [皮膚科] ひふか
안과 [眼科] がんか
치과 [歯科] しか
이비인후과 [耳鼻咽喉科] じびいんこうか
방사선과 [放射線科] ほうしゃせんか
소아과 [小児科] しょうにか
신경과 [神経科] しんけいか
정신과 [精神科] せいしんか
산부인과 [産婦人科] さんふじんか
비뇨기과 [泌尿器科] ひにょうきか

의약품

약국 [薬局] やっきょく
약 [薬] くすり
부작용 [副作用] ふくさよう
구급상자 [救急箱] きゅうきゅうばこ
일회용반창고 [バンドエード]
반창고 [絆創膏] ばんそうこう
알약, 정제 [錠剤] じょうざい
내복약 [飲み薬] のみぐすり
바르는 약 [塗り薬] ぬりぐすり
가루약 [粉薬] こなぐすり
과립 [顆粒] かりゅう
가글약 [うがい薬] うがいぐすり
연고 [軟膏] なんこう
좌약 [座薬] ざやく
백신 [ワクチン]
비타민제 [ビタミン剤] ビタミンざい

한약 [漢方薬] かんぽうやく
감기약 [風邪薬] かぜぐすり
영양제 [栄養剤] えいようざい
진통제 [鎮痛剤] ちんつうざい
진정제 [鎮静剤] ちんせいざい
해열제 [解熱剤] げねつざい
소화제 [消化剤] しょうかざい
수면제 [睡眠剤] すいみんやく

기타

구급차 [救急車] きゅうきゅうしゃ
문병 [お見舞い] おみまい
주름 [しわ]
흰머리 [白髪] しらが
대머리 [禿げ] はげ
기미 [しみ]
주근깨 [そばかす]
여드름 [にきび]
근시 [近視] きんし
원시 [遠視] えんし
난시 [乱視] らんし
노안 [老眼] ろうがん
돋보기 [老眼鏡] ろうがんきょう
콘택트렌즈 [コンタクトレンズ]

05 가족과 인간관계

가족

사람 [人] ひと
[人間] にんげん
인간 [人間] にんげん
자기 [自己] じこ
[自分] じぶん
자신 [自身] じしん
[自分] じぶん
남, 타인 [他人] たにん
조상 [祖先] そせん
선조 [先祖] せんぞ
친척 [親戚] しんせき
일가 [一家] いっか
[同族] どうぞく
집안 [身内] みうち
[一族] いちぞく
처자 [妻子] さいし
친정 [実家] じっか
시댁 [婚家] こんか
가정 [家庭] かてい
의붓아버지 [義父] ぎふ
의붓어머니 [義母] ぎぼ
의붓자식 [連れ子] つれこ
데릴사위 [婿養子] むこようし

친족관계

가족, 식구 [家族] かぞく
부부 [夫婦] ふうふ
남편 [夫] おっと
[主人] しゅじん
아내 [妻] つま
집사람 [家内] かない
마누라 [女房] にょうぼう
맏이 [長子] ちょうし
막내 [末っ子] すえっこ
외동아들 [一人息子] ひとりむすこ
외동딸 [一人娘] ひとりむすめ
형제 [兄弟] きょうだい
자매 [姉妹] しまい
부모 [両親] りょうしん
[父母] ふぼ
아버지 [父] ちち
어머니 [母] はは
아빠 [お父ちゃん] おとうちゃん
[ぱぱ]
엄마 [お母ちゃん] おかあちゃん
[まま]
아버님 [お父様] おとうさま
어머님 [お母様] おかあさま

할아버지 [お爺さん] おじいさん
[祖父] そふ
할머니 [お婆さん] おばあさん
[祖母] そぼ
할아버님 [おじいさま]
할머님 [おばあさま]
외할아버지 [母方の祖父] ははかたのそふ
외할머니 [母方の祖母] ははかたのそぼ
누나 [姉] あね
형 [兄] あに
누님 [お姉さん] おねえさん
형님 [お兄さん] おにいさん
언니 [姉] あね
오빠 [兄] あに
동생 [妹] いもうと
[弟] おとうと
여동생 [妹] いもうと
남동생 [弟] おとうと
며느리 [嫁] よめ
사위 [婿] むこ
장모 [妻の母] つまのはは
장인 [妻の父] つまのちち
친손자 [内孫] うちまご
외손자 [外孫] そとまご
손자 [孫] まご
손녀 [孫娘] まごむすめ
남조카 [甥] おい
여조카 [姪] めい
고모 [叔母・伯母] おば
이모 [叔母・伯母] おば
고모부 [伯母の夫] おばのおっと
이모부 [伯母の夫] おばのおっと
사촌 [いとこ]
삼촌 [叔父] おじ
숙모 [叔母] おば
아저씨 [おじさん]
아주머니 [おばさん]
딸 [娘] むすめ

아들 [息子] むすこ
따님 [娘さん] むすめさん
[お嬢さん] おじょうさん
아드님 [息子さん] むすこさん

교우관계

애인 [恋人] こいびと
친구 [友達] ともだち
벗 [友] とも
동갑 [同じ年] おなじとし
이웃 [隣] となり
[近所] きんじょ
이웃사람 [隣人] りんじん
아는 사람 [知合い] しりあい
[知人] ちじん
아기, 애기 [赤ん坊] あかんぼう
[赤ちゃん] あかちゃん
꼬마 [ちびっ子] ちびっこ
아이, 애 [子供] こども
어린이 [児童] じどう
[子供] こども
소년 [少年] しょうねん
소녀 [少女] しょうじょ
청년 [青年] せいねん
청소년 [青少年] せいしょうねん
중년 [中年] ちゅうねん
성인 [成人] せいじん
어른 [大人] おとな
노인 [老人] ろうじん
처녀 [乙女] おとめ
[娘] むすめ
젊은이 [若者] わかもの
남녀 [男女] だんじょ
남자 [男] おとこ
[男子] だんし
여자 [女] おんな
[女子] じょし
여성 [女性] じょせい

남성 [男性] だんせい
공주 [姫] ひめ
왕자 [王子] おうじ
사모님 [奥様] おくさま
부인 [夫人・婦人] ふじん
사나이 [男] おとこ
아가씨 [お嬢さん] おじょうさん
상대 [相手] あいて
상대방 [相手方] あいてがた
본인 [本人] ほんにん
당사자 [当事者] とうじしゃ
제삼자 [第三者] だいさんしゃ
여러분 [皆さん] みなさん
[皆様] みなさま
각자 [各自] かくじ

인생과 결혼

인생 [人生] じんせい
결혼 [結婚] けっこん
출생 [出生] しゅっせい
탄생 [誕生] たんじょう
성명 [姓名] せいめい
이름 [名前] なまえ
성함 [お名前] おなまえ
나이 [年] とし
[年齢] ねんれい
연세 [お年] おとし
생일 [誕生日] たんじょうび
생신 [お誕生日] おたんじょうび
청춘 [青春] せいしゅん
환갑 [還暦] かんれき
삶 [人生] じんせい
일생 [一生] いっしょう
중매인 [仲人] なこうど
맞선 [お見合い] おみあい
연애 [恋愛] れんあい
약혼자 [婚約者] こんやくしゃ
첫사랑 [初恋] はつこい
짝사랑 [片思い] かたおもい
결혼반지 [結婚指輪] けっこんゆびわ
결혼식 [結婚式] けっこんしき
예식장 [結婚式場] けっこんしきじょう
피로연 [披露宴] ひろうえん
신혼여행 [新婚旅行] しんこんりょこう
신부 [新婦] しんぷ
신랑 [新郎] しんろう
시집 [嫁入り] よめいり
[嫁ぎ先] とつぎさき
미혼 [未婚] みこん
기혼 [既婚] きこん
이혼 [離婚] りこん
재혼 [再婚] さいこん
만남 [出会い] であい
이별 [別れ] わかれ
장례식 [葬式] そうしき
무덤, 묘 [墓] はか
화장 [火葬] かそう
매장 [埋葬] まいそう
상중 [喪中] もちゅう
고인 [故人] こじん

06 정보와 교통

미디어와 정보통신 전반

미디어 [メディア]
매스컴 [マスコミ]
매스미디어 [マスメディア]
멀티미디어 [マルチメディア]
커뮤니케이션 [コミュニケーション]
정보 [情報] じょうほう
통신 [通信] つうしん
제공 [提供] ていきょう
휴대용 [携帯用] けいたいよう
디지털 [デジタル]
아날로그 [アナログ]
전자파 [電磁波] でんじは

차세대 [次世代] じせだい
실시간 [リアルタイム]
네트워크 [ネットワーク]
무선 [無線] むせん
[ワイヤレス]
유선 [有線] ゆうせん
음성 [音声] おんせい
영상 [映像] えいぞう
반도체 [半導体] はんどうたい
송신 [送信] そうしん
발신 [発信] はっしん
착신 [着信] ちゃくしん
전달 [伝達] でんたつ
연락 [連絡] れんらく
언론 [言論] げんろん
취재 [取材] しゅざい
뉴스 [ニュース]
상업광고 [コマーシャル]
광고주 [広告主] こうこくぬし
홍보 [広報] こうほう

컴퓨터와 인터넷

컴퓨터 [コンピューター]
인터넷 [インターネット]
PC [パソコン]
노트북 [ノートブック]
데스크톱 [デスクトップ]
이메일 [Eメール]
[電子メール] でんしメール
광통신 [光通信] ひかりつうしん
윈도즈 [ウィンドゥズ]
매킨토시 [マック]
메모리 [メモリー]
메가바이트 [メガバイト]
기가바이트 [ギガバイト]
하드디스크 [ハードディスク]
하드웨어 [ハードウェア]
소프트웨어 [ソフトウェア]

인스톨 [インストール]
키보드 [キーボード]
모니터 [ディスプレイ]
모뎀 [モデム]
기억장치 [記憶装置] きおくそうち
용량 [容量] ようりょう
시디 [CD]
디브이디 [DVD]
엠디 [MD]
동영상 [VOD]
프린터 [プリンター]
마우스 [マウス]
마이크 [マイク]
스피커 [スピーカー]
시동 [立ち上げ] たちあげ
종료 [終了] しゅうりょう
아이콘 [アイコン]
화소 [画素] がそ
익스플로러 [エクスプローラ]
단축 아이콘 [ショートカット]
시작 메뉴 [スタートメニュー]
버튼 [ボタン]
시작 버튼 [スタートボタン]
셋업 [セットアップ]
다운로드 [ダウンロード]
상태 바 [ステータスバー]
테스크 바 [タスクバー]
클릭 [クリック]
더블 클릭 [ダブルクリック]
메뉴판 [ツールパレット]
도구 [ツール]
디렉터리 [ディレクトリ]
덧, 점 [ドット]
버전 업 [バージョンアップ]
백업 [バックアップ]
패스워드 [パスワード]
포맷 [フォーマット]
폰트 [フォント]

프로그램	[プログラム]
프로퍼티	[プロパティ]
도움말	[ヘルプ]
페인트	[ペイント]
사용자	[ユーザー]
관련링크	[関連リンク] かんれんリンク
반복	[リピート]
로그인	[ログイン]
단말기	[端末機] たんまつき
케이블	[ケーブル]
모바일	[モバイル]
랜	[レーン]
검색	[検索] けんさく
업그레이드	[アップグレード]
홈페이지	[ホームページ]
웹사이트	[ウェブサイト]
사이버공간	[サイバースペース]
채팅	[チャット]
해커	[ハッカー]
해킹	[ハッキング]
액정화면	[液晶画面] えきしょうがめん
커서	[カーソル]
폴더	[フォルダ]
파일	[ファイル]
첨부파일	[添付ファイル] てんぷファイル
신규작성	[新規作成] しんきさくせい
열기	[開く] ひらく
닫기	[閉じる] とじる
저장	[保存] ほぞん
페이지설정	[ページ設定] ページせってい
인쇄범위	[印刷範囲] いんさつはんい
오려두기	[切り取り] きりとり
복사하기	[コピー]
지우기	[削除] さくじょ
붙이기	[ペースト]
서식	[書式] しょしき
셀	[セル]
행	[行] ぎょう
열	[列] れつ
워크시트	[ワークシート]
소트	[並べ替え] ならべかえ
삽입	[挿入] そうにゅう
데이터	[データ]
즐겨찾기	[お気に入り] おきにいり
동기화	[同期化] どうきか
보안	[セキュリティー]
개인정보	[個人情報] こじんじょうほう
고급	[詳細設定] しょうさいせってい
취소	[取消し] とりけし
적용	[適用] てきよう
글자 깨짐	[文字化け] もじばけ
피시방	[インターネットカフェ]

전화

전화	[電話] でんわ
휴대폰	[ケータイ]
스마트폰	[スマホ]
통화	[通話] つうわ
수화기	[受話器] じゅわき
내선	[内線] ないせん
외선	[外線] がいせん
전화번호	[電話番号] でんわばんごう
국번	[局番] きょくばん
지역번호	[市外局番] しがいきょくばん
전화요금	[電話料金] でんわりょうきん
수신자부담	[コレクトコール]
팩스	[ファックス]
전화번호부	[電話帳] でんわちょう
공중전화	[公衆電話] こうしゅうでんわ
휴대폰	[携帯電話] けいたいでんわ
이동전화	[移動電話] いどうでんわ
국제전화	[国際電話] こくさいでんわ
시외전화	[市外電話] しがいでんわ
자동응답전화기	[留守番電話] るすばんでんわ
화상전화	[テレビ電話] テレビでんわ
전언	[伝言] でんごん

통화중 [話し中] はなしちゅう
장난전화 [いたずら電話] いたずらでんわ
혼선 [混線] こんせん

우편

우체국 [郵便局] ゆうびんきょく
우체통 [郵便ポスト] ゆうびんポスト
우편함 [郵便受け] ゆうびんうけ
주소 [住所] じゅうしょ
우편번호 [郵便番号] ゆうびんばんごう
집배원 [配達人] はいたつにん
속달 [速達] そくたつ
소포 [小包] こづつみ
편지 [手紙] てがみ
우표 [切手] きって
엽서 [葉書] はがき
그림엽서 [絵葉書] えはがき
편지지 [便箋] びんせん
봉투 [封筒] ふうとう
연하장 [年賀状] ねんがじょう
전보 [電報] でんぽう
사서함 [私書箱] ししょばこ
등기우편 [書留] かきとめ
발신인 [差出人] さしだしにん
수취인 [受取人] うけとりにん
수신인명 [宛名] あてな
수신인의 주소 [宛先] あてさき
회답 [返事] へんじ
답장 [返書] へんしょ
반신용 [返信用] へんしんよう
동봉 [同封] どうふう
우송 [郵送] ゆうそう
발송 [発送] はっそう
통지 [通知] つうち
[知らせ] しらせ
배편 [船便] ふなびん
항공편 [航空便] こうくうびん
택배편 [宅配便] たくはいびん

퀵서비스 [バイク便] バイクびん
짐 [荷物] にもつ
창구 [窓口] まどぐち

방송

케이블티브이 [ケーブルテレビ]
아나운서 [アナウンサー]
방송 [放送] ほうそう
생방송 [生放送] なまほうそう
재방송 [再放送] さいほうそう
음성다중 [音声多重] おんせいたじゅう
보도 [報道] ほうどう
보도진 [報道陣] ほうどうじん
시청자 [視聴者] しちょうしゃ
시청률 [視聴率] しちょうりつ
방송국 [放送局] ほうそうきょく
중계 [中継] ちゅうけい
녹화 [録画] ろくが
녹음 [録音] ろくおん
채널 [チャンネル]
프로 [番組] ばんぐみ
연속극 [連続ドラマ] れんぞくドラマ
노래자랑 [のど自慢] のどじまん

신문과 잡지

독자 [読者] どくしゃ
구독 [購読] こうどく
기자 [記者] きしゃ
속보 [速報] そくほう
특집 [特集] とくしゅう
특종 [特種] とくだね
신문 [新聞] しんぶん
호외 [号外] ごうがい
조간 [朝刊] ちょうかん
석간 [夕刊] ゆうかん
표제 [見出し] みだし
잡지 [雑誌] ざっし

주간지 [週刊誌] しゅうかんし
일간지 [日刊紙] にっかんし
전국지 [全国紙] ぜんこくし
기사 [記事] きじ
사설 [社説] しゃせつ
논설 [論説] ろんせつ
원고 [原稿] げんこう
편집 [編集] へんしゅう
게재 [掲載] けいさい
출판 [出版] しゅっぱん
인쇄 [印刷] いんさつ
발행 [発行] はっこう

책과 서적

책 [本] ほん
서적 [書籍] しょせき
베스트셀러 [ベストセラー]
출판물 [出版物] しゅっぱんぶつ
장르 [ジャンル]
소설 [小説] しょうせつ
고전 [古典] こてん
문학 [文学] ぶんがく
시 [詩] し
에세이 [エッセイ]
수필 [随筆] ずいひつ
자서전 [自伝] じでん
일기 [日記] にっき
동화 [童話] どうわ
만화 [漫画] まんが
평론 [評論] ひょうろん
백과사전 [百科事典] ひゃっかじてん
참고서 [参考書] さんこうしょ
입문서 [入門書] にゅうもんしょ
가이드북 [ガイドブック]
전집 [全集] ぜんしゅう
그림책 [絵本] えほん
색인 [索引] さくいん
초판 [初版] しょはん
재판 [再販] さいはん
서점 [書店] しょてん
책방 [本屋] ほんや
출판사 [出版社] しゅっぱんしゃ
인쇄소 [印刷所] いんさつしょ
헌책 [古本] ふるほん
헌책방 [古本屋] ふるほんや

교통과 운송

교통 [交通] こうつう
운송 [運送] うんそう
화물차 [貨物車] かもつしゃ
수하물 [手荷物] てにもつ
교통사고 [交通事故] こうつうじこ
엘리베이터 [エレベーター]
에스컬레이터 [エスカレーター]
교통수단 [交通手段] こうつうしゅだん
역 [駅] えき
개찰구 [改札口] かいさつぐち
대합실 [待合室] まちあいしつ
표 파는 곳 [切符売り場] きっぷうりば
타는 곳 [乗り場] のりば
안내소 [案内所] あんないじょ
터미널 [ターミナル]
운임 [運賃] うんちん
행 [~行] ゆき
정거장 [停車場] ていしゃじょう
정류장 [停留所] ていりゅうじょ
주차장 [駐車場] ちゅうしゃじょう
주유소 [ガソリンスタンド]
시각표 [時刻表] じこくひょう
철도 [鉄道] てつどう
기차 [汽車] きしゃ
열차 [列車] れっしゃ
차 [車] くるま
자동차 [自動車] じどうしゃ
택시 [タクシー]
전철 [電車] でんしゃ

지하철 [地下鉄] ちかてつ
버스 [バス]
트럭 [トラック]
자전거 [自転車] じてんしゃ
오토바이 [バイク]
소방차 [消防車] しょうぼうしゃ
운전기사 [運転手] うんてんしゅ
차장 [車掌] しゃしょう
승무원 [乗務員] じょうむいん
승객 [乗客] じょうきゃく
차비, 교통비 [交通費] こうつうひ
기본요금 [基本料金] きほんりょうきん
할증요금 [割増料金] わりましりょうきん
미터기 [メーター]
빈차 [空車] くうしゃ
빈자리 [空席] くうせき
만석 [満席] まんせき
합승 [相乗り] あいのり
갈아타기 [乗り換え] のりかえ
차표, 승차권 [乗車券] じょうしゃけん
편도 [片道] かたみち
왕복 [往復] おうふく
지정석 [指定席] していせき
일등석 [一等席] いっとうせき
자유석 [自由席] じゆうせき
입석 [立ち席] たちせき
침대차 [寝台車] しんだいしゃ
금연석 [禁煙席] きんえんせき
흡연석 [喫煙席] きつえんせき
특급 [特急] とっきゅう
쾌속 [快速] かいそく
급행 [急行] きゅうこう
완행 [各駅停車] かくえきていしゃ
직행 [直行] ちょっこう
첫차 [始発] しはつ
막차 [終電] しゅうでん
종점 [終点] しゅうてん
펑크 [パンク]

만탱크 [満タン] まんタン
신호등 [信号] しんごう
빨간 신호등 [赤信号] あかしんごう
푸른 신호등 [青信号] あおしんごう
고속도로 [高速道路] こうそくどうろ
차선 [車線] しゃせん
차도 [車道] しゃどう
인도 [歩道] ほどう
우회전 [右折] うせつ
좌회전 [左折] させつ
일방통행 [一方通行] いっぽうつうこう
우측통행 [右側通行] みぎがわつうこう
끼어들기 [わりこみ]
충돌 [衝突] しょうとつ
일단정지 [一旦停止] いったんていし
진입금지 [進入禁止] しんにゅうきんし
음주운전 [飲酒運転] いんしゅうんてん
보행자 [歩行者] ほこうしゃ
브레이크 [ブレーキ]
액셀러레이터 [アクセル]
핸들 [ハンドル]
안전벨트 [シートベルト]
우회 [迂回] うかい
정체 [渋滞] じゅうたい
추월 [追い越し] おいこし
제한속도 [制限速度] せいげんそくど
건널목 [踏切] ふみきり
건너편 [向かい側] むかいがわ
샛길 [抜け道] ぬけみち
지름길 [近道] ちかみち
큰길, 대로 [大通り] おおどおり
골목, 골목길 [路地] ろじ
[横町] よこちょう
가로수 [街路樹] がいろじゅ
전봇대 [電信柱] でんしんばしら
다리 [橋] はし
육교 [歩道橋] ほどうきょう
광장 [広場] ひろば

네거리 [四つ角] よつかど
[十字路] じゅうじろ
연료 [燃料] ねんりょう
석유 [石油] せきゆ
경유 [軽油] けいゆ
휘발유 [ガソリン]
운반 [運搬] うんぱん
운전 [運転] うんてん
왕래 [往来] おうらい
이동 [移動] いどう
주차 [駐車] ちゅうしゃ
진입 [進入] しんにゅう
출발 [出発] しゅっぱつ
도착 [到着] とうちゃく
연착 [延着] えんちゃく
출입 [出入り] でいり

항공편과 공항

항공 [航空] こうくう
공항 [空港] くうこう
비행기 [飛行機] ひこうき
비자 [ビザ]
여권 [旅券] りょけん
패스포트 [パスポート]
입국심사 [入国審査] にゅうこくしんさ
출국카드 [出国カード] しゅっこくカード
세관신고 [税関申告] ぜいかんしんこく
국제선 [国際線] こくさいせん
국내선 [国内線] こくないせん
항공권 [航空券] こうくうけん
탑승권 [搭乗券] とうじょうけん
이륙 [離陸] りりく
착륙 [着陸] ちゃくりく
활주로 [滑走路] かっそうろ
고도 [高度] こうど
창가석 [窓側の席] まどがわのせき
통로석 [通路側の席] つうろがわのせき
기내식 [機内食] きないしょく

배편

배 [船] ふね
항구 [港] みなと
선창, 부두 [波止場] はとば
[埠頭] ふとう
[桟橋] さんばし
방파제 [防波堤] ぼうはてい
유람선 [遊覧船] ゆうらんせん
등대 [灯台] とうだい
페리 [フェリー]

07 동물

동물 전반

생물 [生物] せいぶつ
[生き物] いきもの
동물 [動物] どうぶつ
짐승 [獣] けもの
가축 [家畜] かちく
새끼 [動物の子] どうぶつのこ
어미 [母親] ははおや
암컷 [雌] めす
수컷 [雄] おす
꼬리 [尻尾] しっぽ
날개 [羽] はね
[翼] つばさ

동물

개 [犬] いぬ
강아지 [子犬] こいぬ
돼지 [豚] ぶた
고양이 [猫] ねこ
호랑이 [虎] とら
사자 [ライオン]
곰 [熊] くま
코끼리 [象] ぞう
소 [牛] うし

송아지　[子牛] こうし
여우　[キツネ]
말　[馬] うま
원숭이　[猿] さる
양　[羊] ひつじ
토끼　[ウサギ]
염소　[ヤギ]
쥐　[ネズミ]
사슴　[鹿] しか
기린　[キリン]
고릴라　[ゴリラ]
침팬지　[チンパンジー]
고래　[クジラ]
상어　[サメ]

새

새　[鳥] とり
닭　[ニワトリ]
병아리　[ひよこ]
메추리　[うずら]
까마귀　[カラス]
까치　[カササギ]
오리　[鴨] かも
집오리　[アヒル]
매　[タカ]
독수리　[ワシ]
백조　[白鳥] はくちょう
학　[鶴] つる
비둘기　[鳩] はと

곤충

곤충　[昆虫] こんちゅう
벌레　[虫] むし
벌　[ハチ]
개미　[アリ]
파리　[ハエ]
모기　[カ]
나비　[チョウ]
잠자리　[トンボ]
매미　[セミ]
거미　[クモ]
바퀴벌레　[ゴキブリ]
반딧불　[ホタル]

파충류

개구리　[蛙] かえる
뱀　[蛇] へび
거북이　[亀] かめ
자라　[スッポン]

어류

생선　[鮮魚] せんぎょ
　[魚] さかな
물고기　[魚] さかな
열대어　[熱帯魚] ねったいぎょ
전갱이　[アジ]
가다랭이　[カツオ]
참치　[マグロ]
붕장어　[アナゴ]
복어　[フグ]
가오리　[エイ]
가자미　[カレイ]
멸치　[かたくちいわし]
대구　[タラ]
명태　[スケトウダラ]
　[明太] めんたい
고등어　[サバ]
꽁치　[サンマ]
연어　[サケ]
넙치　[ヒラメ]
정어리　[イワシ]
도미　[タイ]
뱀장어　[ウナギ]
금붕어　[金魚] きんぎょ
잉어　[鯉] こい
은어　[鮎] あゆ

패류

조개 [貝] かい
모시조개 [アサリ]
바지락조개 [シジミ]
가리비조개 [ホタテ]
대합 [ハマグリ]
전복 [アワビ]
굴 [牡蠣] かき
소라 [サザエ]
새우 [海老] えび
게 [カニ]
오징어 [イカ]
낙지 [タコ]

08 식물

식물 전반

식물 [植物] しょくぶつ
작물 [作物] さくもつ
씨 [種] たね
열매 [実] み
[果実] かじつ
싹 [芽] め
잎 [葉] は
뿌리 [根] ね
줄기 [茎] くき
낙엽 [落ち葉] おちば
단풍 [紅葉] もみじ・こうよう
가지 [枝] えだ
가시 [棘] とげ
꽃 [花] はな
꽃봉오리 [蕾] つぼみ
꽃잎 [花びら] はなびら

나무와 꽃

나무 [木] き
풀 [草] くさ
장미 [バラ]
동백 [椿] つばき
벚꽃 [桜] さくら
국화 [菊] きく
매화 [梅] うめ
철쭉 [ツツジ]
민들레 [タンポポ]
해바라기 [向日葵] ひまわり
난초, 난 [蘭] らん
백합 [百合] ゆり
코스모스 [コスモス]
카네이션 [カーネーション]
튤립 [チューリップ]
버드나무 [柳] やなぎ
소나무 [松] まつ
대나무 [竹] たけ
삼나무 [杉] すぎ
단풍나무 [楓] かえで
잔디 [芝] しば
야자 [ヤシ]

야채

야채 [野菜] やさい
채소 [青物] あおもの
[野菜] やさい
고구마 [サツマイモ]
감자 [じゃが芋] じゃがいも
오이 [キュウリ]
무 [大根] だいこん
배추 [白菜] はくさい
양배추 [キャベツ]
레터스 [レタス]
상추 [ちしゃ]
[サニーレタス]
피망 [ピーマン]
시금치 [ほうれん草] ほうれんそう
가지 [茄子] なす
옥수수 [トウモロコシ]

당근 [ニンジン]
인삼 [高麗人参] こうらいにんじん
토마토 [トマト]
콩나물 [大豆モヤシ] だいずモヤシ
숙주 [モヤシ]
도라지 [キキョウ]
부추 [ニラ]
버섯 [キノコ]
파 [長ネギ] ながネギ
양파 [玉ネギ] たまネギ
마늘 [ニンニク]
고추 [唐辛子] とうがらし
생강 [生姜] しょうが

과일

과일 [果物] くだもの
귤 [ミカン]
사과 [リンゴ]
딸기 [イチゴ]
포도 [ブドウ]
수박 [スイカ]
감 [柿] かき
복숭아 [桃] もも
참외 [まくわ瓜] まくわうり
배 [梨] なし
오렌지 [オレンジ]
멜론 [メロン]
바나나 [バナナ]
파인애플 [パイナップル]
키위 [キウィ]
레몬 [レモン]
체리 [さくらんぼ]

견과류

밤 [栗] くり
땅콩 [ピーナッツ]
호두 [クルミ]
잣 [松の実] まつのみ

곡물

곡식 [穀物] こくもつ
잡곡 [雑穀] ざっこく
누룩 [麹] こうじ
쌀 [米] こめ
현미 [玄米] げんまい
찹쌀 [もち米] もちごめ
벼 [稲] いね
보리 [麦] むぎ
밀 [小麦] こむぎ
메밀 [ソバ]
콩 [豆] まめ
[大豆] だいず
검정콩 [黒豆] くろまめ
완두 [エンドウ]
팥 [小豆] あずき
조 [粟] あわ
율무 [はと麦] はとむぎ

바다식물

해초 [海草] かいそう
해조 [海藻] かいそう
미역 [若布] わかめ
다시마 [昆布] こんぶ
김 [海苔] のり

09 교육과 문화

교육

교육 [教育] きょういく
양성 [養成] ようせい
학교 [学校] がっこう
학년 [学年] がくねん
학비 [学費] がくひ
장학금 [奨学金] しょうがくきん
도서관 [図書館] としょかん
교실 [教室] きょうしつ

수업 [授業] じゅぎょう
교시 [~時限] じげん
[~時間目] じかんめ
강좌 [講座] こうざ
등교 [登校] とうこう
하교 [下校] げこう
입학 [入学] にゅうがく
졸업 [卒業] そつぎょう
수료 [修了] しゅうりょう
전학 [転校] てんこう
퇴학 [退学] たいがく
휴학 [休学] きゅうがく
복학 [復学] ふくがく
입시 [入試] にゅうし
수험 [受験] じゅけん
합격 [合格] ごうかく
불합격 [不合格] ふごうかく
결석 [欠席] けっせき
출석 [出席] しゅっせき
유학 [留学] りゅうがく
학문 [学問] がくもん
논문 [論文] ろんぶん
리포트 [レポート]
과제 [課題] かだい
시험 [試験] しけん
시험지 [問題用紙] もんだいようし
답안지 [答案用紙] とうあんようし
공부 [勉強] べんきょう
전공 [専攻] せんこう
숙제 [宿題] しゅくだい
질문 [質問] しつもん
답 [答え] こたえ
대답 [返事] へんじ
[答え] こたえ
연습 [練習] れんしゅう
복습 [復習] ふくしゅう
예습 [予習] よしゅう
학습 [学習] がくしゅう
풀이 [解釈] かいしゃく
해석 [解釈] かいしゃく
수학여행 [修学旅行] しゅうがくりょこう
방학 [長期休み] ちょうきやすみ
견학 [見学] けんがく
강의 [講義] こうぎ
연구 [研究] けんきゅう
훈련 [訓練] くんれん
지도 [指導] しどう
암기 [暗記] あんき
성적 [成績] せいせき
학점 [単位] たんい
해답 [解答] かいとう
정답 [正解] せいかい
채점 [採点] さいてん

학교

국공립 [国公立] こっこうりつ
사립 [私立] しりつ
학원 [塾] じゅく
[予備校] よびこう
보육원 [保育園] ほいくえん
탁아소 [託児所] たくじしょ
유치원 [幼稚園] ようちえん
초등학교 [小学校] しょうがっこう
중학교 [中学校] ちゅうがっこう
고등학교 [高校] こうこう
[高等学校] こうとうがっこう
대학 [大学] だいがく
대학원 [大学院] だいがくいん
학부 [学部] がくぶ
전문학교 [専門学校] せんもんがっこう
전문대학 [短期大学] たんきだいがく
초등학생 [小学生] しょうがくせい
중학생 [中学生] ちゅうがくせい
고등학생 [高校生] こうこうせい
대학생 [大学生] だいがくせい

과목

과목 [科目] かもく
국어 [国語] こくご
수학 [数学] すうがく
산수 [算数] さんすう
과학 [科学] かがく
물리 [物理] ぶつり
화학 [化学] かがく
생물 [生物] せいぶつ
사회 [社会] しゃかい
지리 [地理] ちり
철학 [哲学] てつがく
도덕 [道徳] どうとく
윤리 [倫理] りんり
역사 [歴史] れきし
국사 [国史] こくし
세계사 [世界史] せかいし
가정 [家庭] かてい
기술 [技術] ぎじゅつ
체육 [体育] たいいく
도화 [図画] ずが
공작 [工作] こうさく

어학과 언어

어학 [語学] ごがく
언어학 [言語学] げんごがく
외국어 [外国語] がいこくご
영어 [英語] えいご
일본어 [日本語] にほんご
중국어 [中国語] ちゅうごくご
한국어 [韓国語] かんこくご
한자 [漢字] かんじ
회화 [会話] かいわ
문법 [文法] ぶんぽう
발음 [発音] はつおん
번역 [翻訳] ほんやく
통역 [通訳] つうやく
듣기 [聞き取り] ききとり
단어 [単語] たんご
어휘 [語彙] ごい
문장 [文章] ぶんしょう
작문 [作文] さくぶん
받아쓰기 [書き取り] かきとり
띄어쓰기 [分かち書] わかちがき
가로쓰기 [横書き] よこがき
작성 [作成] さくせい
뜻 [意味] いみ
글 [文] ぶん
글씨, 글자 [文字] もじ
[字] じ
문자 [文字] もじ
모음 [母音] ぼいん
자음 [子音] しいん
구두점 [句読点] くとうてん
화살표 [矢印] やじるし
밑줄 [下線] かせん
물음 [問い] とい
물음표 [クェスチョンマーク]
페이지, 쪽 [ページ]
담당 [担当] たんとう
담임 [担任] たんにん
방과후 [放課後] ほうかご
반, 클래스 [組] くみ
[クラス]
동창생 [同窓生] どうそうせい
선배 [先輩] せんぱい
후배 [後輩] こうはい
학생 [学生] がくせい
신입생 [新入生] しんにゅうせい
선생님 [先生] せんせい
교사 [教師] きょうし
가정교사 [家庭教師] かていきょうし
교수 [教授] きょうじゅ
학자 [学者] がくしゃ
교장 [校長] こうちょう

학장 [学長] がくちょう
총장 [総長] そうちょう
학사 [学士] がくし
석사 [修士] しゅうし
박사 [博士] はくし・はかせ

문구와 사무용품

문구 [文房具] ぶんぼうぐ
사무용품 [事務用品] じむようひん
주소록 [住所録] じゅうしょろく
수첩 [手帳] てちょう
도장 [判子] はんこ
인주 [朱肉] しゅにく
교과서 [教科書] きょうかしょ
교재 [教材] きょうざい
공책, 노트 [ノート]
필기도구 [筆記道具] ひっきどうぐ
펜 [ペン]
볼펜 [ボールペン]
연필 [鉛筆] えんぴつ
샤프펜 [シャープペンシル]
잉크 [インク]
지우개 [消しゴム] けしゴム
자 [定規] じょうぎ
풀 [糊] のり
붓 [筆] ふで
물감 [絵の具] えのぐ
가위 [鋏] はさみ
종이 [紙] かみ
백지 [白紙] はくし
도화지 [画用紙] がようし
색종이 [色紙] しきし・いろがみ
압정 [押しピン] おしピン
연필깎이 [鉛筆削り] えんぴつけずり
출석부 [出席簿] しゅっせきぼ
칠판 [黒板] こくばん
분필 [チョーク]
색연필 [色鉛筆] いろえんぴつ

기타

등교거부 [登校拒否] とうこうきょひ
과보호 [過保護] かほご
무관심 [無関心] むかんしん
왕따 [いじめ]
장난꾸러기 [いたずらっ子] いたずらっこ
지각 [遅刻] ちこく
아동 [児童] じどう

10 문화와 스포츠

문화 전반

문화 [文化] ぶんか
예술 [芸術] げいじゅつ
발표회 [発表会] はっぴょうかい
무대 [舞台] ぶたい
작품 [作品] さくひん
극장 [劇場] げきじょう
영화관 [映画館] えいがかん
미술관 [美術館] びじゅつかん
박물관 [博物館] はくぶつかん
음악회 [音楽会] おんがくかい
콘서트 [コンサート]
전시회 [展示会] てんじかい
입장권 [入場券] にゅうじょうけん
표 [切符] きっぷ
예약 [予約] よやく
출연 [出演] しゅつえん
리허설 [リハーサル]
연기 [演技] えんぎ
공연 [公演] こうえん
상영 [上映] じょうえい
전시 [展示] てんじ

미술

미술 [美術] びじゅつ
조각 [彫刻] ちょうこく

디자인 [デザイン]
공예 [工芸] こうげい
서도 [書道] しょどう
회화 [絵画] かいが
유화 [油絵] あぶらえ
수채화 [水彩画] すいさいが
그림 [絵] え
도자기 [陶磁器] とうじき

사진과 무용

사진 [写真] しゃしん
필름 [フィルム]
촬영 [撮影] さつえい
현상 [現像] げんぞう
인화 [焼増し] やきまし
흑백 [白黒] しろくろ
[モノクロ]
컬러 [カラー]
무용 [舞踊] ぶよう
춤 [踊り] おどり
발레 [バレー]

영화

영화 [映画] えいが
외국영화 [洋画] ようが
국내영화 [邦画] ほうが
사극 [時代劇] じだいげき
연극 [演劇] えんげき
대하드라마 [大河ドラマ] たいがドラマ
대사 [台詞] せりふ

음악

음악 [音楽] おんがく
노래 [歌] うた
가사 [歌詞] かし
연주 [演奏] えんそう
작곡 [作曲] さっきょく
편곡 [編曲] へんきょく
작사 [作詞] さくし
악보 [楽譜] がくふ
가요 [歌謡] かよう
엔카 [演歌] えんか
동요 [童謡] どうよう
민요 [民謡] みんよう
유행가 [流行歌] りゅうこうか
팝송 [ポップス]
재즈 [ジャズ]
자장가 [子守唄] こもりうた
오페라 [オペラ]
오케스트라 [オーケストラ]
합창 [合唱] がっしょう
독창 [独唱] どくしょう
악기 [楽器] がっき
피아노 [ピアノ]
바이올린 [バイオリン]
첼로 [チェロ]
플루트 [フルート]
색소폰 [サックス]
트럼펫 [トランペット]
오르간 [オルガン]
기타 [ギター]
드럼 [ドラム]
피리 [笛] ふえ
북 [太鼓] たいこ

연예인과 예술가

연예인 [芸能人] げいのうじん
배우 [俳優] はいゆう
여배우 [女優] じょゆう
코미디언 [コメディアン]
가수 [歌手] かしゅ
지휘자 [指揮者] しきしゃ
성악가 [声楽家] せいがくか
피아니스트 [ピアニスト]
작곡가 [作曲家] さっきょくか
화가 [画家] がか

작가 [作家] さっか
시인 [詩人] しじん
선수 [選手] せんしゅ

취미와 오락

취미 [趣味] しゅみ
독서 [読書] どくしょ
하이킹 [ハイキング]
산책 [散歩] さんぽ
등산 [登山] とざん
조깅 [ジョギング]
우표수집 [切手収集] きってしゅうしゅう
가라오케 [カラオケ]
낚시 [釣り] つり
바둑 [囲碁] いご
장기 [将棋] しょうぎ
마작 [マージャン]
여행 [旅行] りょこう
[旅] たび
드라이브 [ドライブ]
다도 [茶道] さどう
꽃꽂이 [生け花] いけばな
경마 [競馬] けいば
승마 [乗馬] じょうば
해수욕 [海水浴] かいすいよく
헤엄 [泳ぎ] およぎ
소풍 [遠足] えんそく
꽃놀이 [花見] はなみ
파티 [パーティー]
잔치 [宴] うたげ
[祝宴] しゅくえん
연회 [宴会] えんかい
축제 [祝祭] しゅくさい
숙박 [宿泊] しゅくはく
사회 [司会] しかい
감상 [鑑賞] かんしょう
관람 [観覧] かんらん
관광 [観光] かんこう
구경 [見物] けんぶつ
내기 [賭け] かけ
노름 [博打] ばくち
놀이 [遊び] あそび
가위바위보 [ジャンケン]
숨바꼭질 [隠れん坊] かくれんぼう
그네 [ぶらんこ]
눈싸움 [雪合戦] ゆきがっせん
오락 [娯楽] ごらく
장난 [悪戯] いたずら
요술 [手品] てじな
화투 [花札] はなふだ
트럼프 [トランプ]
공 [ボール]
장난감 [玩具] おもちゃ

스포츠

스포츠 [スポーツ]
운동 [運動] うんどう
야구 [野球] やきゅう
축구 [サッカー]
배구 [バレーボール]
농구 [バスケットボール]
탁구 [卓球] たっきゅう
수영 [水泳] すいえい
씨름 [相撲] すもう
체조 [体操] たいそう
테니스 [テニス]
골프 [ゴルフ]
스케이트 [スケート]
마라톤 [マラソン]
육상 [陸上] りくじょう
유도 [柔道] じゅうどう
검도 [剣道] けんどう
사격 [射撃] しゃげき
피겨스케이팅 [フィギュアスケート]
수중발레 [シンクロ]
경기 [競技] きょうぎ

시합　[試合] しあい
올림픽　[オリンピック]
팀　[チーム]
예선　[予選] よせん
본선　[本選] ほんせん
결승　[決勝] けっしょう
우승　[優勝] ゆうしょう
개회식　[開会式] かいかいしき
폐회식　[閉会式] へいかいしき
개막　[開幕] かいまく
폐막　[閉幕] へいまく
득점　[得点] とくてん
이김, 승　[勝ち] かち
짐, 패　[負け] まけ
무승부　[引き分け] ひきわけ

11 자연현상

자연 전반

자연　[自然] しぜん
천연　[天然] てんねん
빛　[光] ひかり
어둠　[暗がり] くらがり
　[暗闇] くらやみ
공기　[空気] くうき
습기　[湿気] しっけ
온도　[温度] おんど
습도　[湿度] しつど
더위　[暑さ] あつさ
추위　[寒さ] さむさ
일출, 해돋이　[日の出] ひので
일몰　[日没] にちぼつ
석양　[夕日] ゆうひ
저녁놀　[夕焼け] ゆうやけ
햇살　[日差し] ひざし
양지　[日向] ひなた
응달, 음지　[日陰] ひかげ
지진　[地震] じしん
해일　[津波] つなみ
피뢰침　[避雷針] ひらいしん

날씨

기후　[気候] きこう
날씨　[天候] てんこう
　[天気] てんき
기상대　[気象台] きしょうだい
일기예보　[天気予報] てんきよほう
주의보　[注意報] ちゅういほう
경보　[警報] けいほう
강우량　[降雨量] こううりょう
풍속　[風速] ふうそく
고기압　[高気圧] こうきあつ
저기압　[低気圧] ていきあつ
황사　[黄砂] こうさ
영하　[氷点下] ひょうてんか
　[零下] れいか
맑음　[晴れ] はれ
흐림　[曇り] くもり
눈　[雪] ゆき
대설　[大雪] おおゆき
눈보라　[吹雪] ふぶき
눈사태　[雪崩れ] なだれ
비　[雨] あめ
가랑비　[小雨] こさめ
소나기　[にわか雨] にわかあめ
　[夕立] ゆうだち
지나가는 비　[通り雨] とおりあめ
홍수　[洪水] こうずい
큰비　[大雨] おおあめ
호우　[豪雨] ごうう
장마　[梅雨] つゆ
가뭄　[日照り] ひでり
　[干ばつ] かんばつ
바람　[風] かぜ
산들바람　[そよ風] そよかぜ
회오리바람　[竜巻] たつまき

소용돌이 [渦巻き] うずまき
태풍 [台風] たいふう
무지개 [虹] にじ
노을 [朝焼け] あさやけ
[夕焼け] ゆうやけ
구름 [雲] くも
안개 [霧] きり
서리 [霜] しも
천둥 [雷] かみなり
번개 [稲妻] いなづま

계절과 달력

계절 [季節] きせつ
사계절 [四季] しき
봄 [春] はる
여름 [夏] なつ
한여름 [真夏] まなつ
가을 [秋] あき
겨울 [冬] ふゆ
한겨울 [真冬] まふゆ
입춘 [立春] りっしゅん
춘분 [春分] しゅんぶん
하지 [夏至] げし
추분 [秋分] しゅうぶん
동지 [冬至] とうじ

시간의 변화

새벽 [暁] あかつき
[夜明け] よあけ
새벽녘 [明け方] あけがた
아침 [朝] あさ
낮 [昼] ひる
대낮 [真昼] まひる
저녁 [夕方] ゆうがた
밤 [夜] よる
한밤중 [真夜中] まよなか
심야 [深夜] しんや
밤낮 [昼夜] ちゅうや

우주와 천체

우주 [宇宙] うちゅう
하늘 [空] そら
땅 [地] ち
[土地] とち
달 [月] つき
해 [陽] ひ
태양 [太陽] たいよう
지구 [地球] ちきゅう
별 [星] ほし
혹성 [惑星] わくせい
보름달 [満月] まんげつ
초승달 [三日月] みかづき
[新月] しんげつ
반달 [半月] はんげつ
혜성 [彗星] すいせい
은하 [銀河] ぎんが
[天の川] あまのがわ
별자리 [星座] せいざ